Bertha von Suttner

dargestellt von Harald Steffahn

Rowohlt

rowohlts monographien begründet von Kurt Kusenberg
herausgegeben von Wolfgang Müller und Uwe Naumann

Redaktionsassistenz: Katrin Finkemeier
Umschlaggestaltung: Walter Hellmann
Umschlagvorderseite: Bertha von Suttner
(© Bildarchiv Preußischer Kulturbesitz, Berlin, 1998)
Umschlagrückseite: «Die Waffen nieder!»
Titelblatt der 4. Auflage des Romans
von Bertha von Suttner
(Sammlung AFAG)

Originalausgabe
Veröffentlicht im Rowohlt Taschenbuch Verlag GmbH,
Reinbek bei Hamburg, Oktober 1998

Satz Times PostScript Linotype Library, Quark XPress 3.32
Gesamtherstellung Clausen & Bosse, Leck
Printed in Germany
ISBN 3 499 50604 1

Inhalt

Bertha von Suttner, 1894

Ende einer Ära

Noch immer war die Habsburg-Monarchie weiträumig und groß. Fern zurück lagen zwar die Zeiten, da in diesem Staat die Sonne nicht unterging, aber in der Mitte des 19. Jahrhunderts dehnten die Grenzen sich immerhin von Mailand bis nach Lemberg, von Eger bis an die Tore Belgrads. Die Deutsch-Österreicher, denen Bertha von Suttner geborene Kinsky sich trotz ihrer böhmischen Herkunft zugehörig wußte, schon wegen ihrer deutschen Muttersprache, bewohnten das Kerngebiet eines Kaiserreiches mit einem Dutzend Völkern und Volksteilen. Die Ungarn gehörten dazu, westslawische Tschechen, Slowaken, Polen, ostslawische Ukrainer, südslawische Slowenen, Kroaten, Serben; dazu Rumänen, Italiener – und Juden weit verstreut, aber in Galizien in geschlossenem Siedlungsverband.

Die ethnischen Einheiten verband untereinander nichts mit Ausnahme des seit 1804 bestehenden Kaiserhauses, nicht einmal durchgehend der katholische Glaube, weil auch die russisch-orthodoxe Kirche, die griechisch-orthodoxe, die jüdische Religion und der Islam über einen Teil der Seelen unter den dreißig Millionen Einwohnern geboten. Das Staatsgebiet war in den letzten 150 Jahren seit der zweiten türkischen Niederlage vor Wien stark nach Südosten erweitert worden. Seit den Tagen des Prinzen Eugen schauten die Österreicher immer mit einem Auge dorthin. In dem Maße, in dem Südosteuropa für Österreich wichtiger wurde, verlor sich die Anteilnahme an den eigentlichen deutschen Belangen. Daß die erbliche Kaiserwürde jahrhundertelang bei der Dynastie Habsburg gelegen hatte, gewiß, daraus rührten Empfindungen von geschichtlicher Gemeinsamkeit. Trotzdem teilten nicht viele Österreicher den deutschen Nationalstaatsgedanken, der mit den Freiheitskriegen stark aufgekommen war. Sie hätten ja auch nur Deutsch-Österreich, allenfalls Böhmen und Mähren, die schon zum mittelalterlichen deutschen Reich gehört hatten, in einen «großdeutschen» Staatsverband einbringen können, niemals Gesamt-Habsburg. Und da diese innere Spaltung undurchführbar war, kam es später zur «kleindeutschen» Lösung ohne Österreich. Weitsichtig hatte Karoline von Humboldt schon 1815 aus Wien geschrieben: «Österreich ist so verschiedenartig und heterogen in seinen Kräften gemischt, in den Nationalitäten, aus denen es besteht, daß ich alles wetten möchte, daß es noch in diesem Jahrhundert aufhören wird, eine deutsche Macht zu sein.»[1]

Die eingeschränkte innere Teilnahme an allem, was nördlich der Alpen geschah, verband sich mit erhöhter Wachsamkeit, dort möglichst wenig geschehen zu lassen, jedenfalls nichts, was an die Grundfesten des vom Wiener Kongreß geschaffenen Deutschen Bundes rührte. Da Österreich den Vorsitz im Bundestag in Frankfurt innehatte und da überdies verfassungsändernde Entscheidungen Einstimmigkeit verlangten unter den fünfunddreißig souveränen Fürsten und vier Freien Städten, konnten die Konservativen bequem jeden Fortschritt hin zur nationalen Einheit Deutschlands unterbinden. Österreich als Vielvölkermonarchie war das Gegenteil eines Nationalstaates, ja, es mußte sich von diesem Gedanken tödlich bedroht fühlen. So blieben alle Wunschträume deutscher Patrioten zwangsläufig unerfüllt. Selbst die Willenserklärung des Artikels 13 der Bundesakte – «In allen Bundesstaaten wird eine Landständische Verfassung statt finden» – wurde teils nur zögernd eingelöst oder sogar stillschweigend vergessen.

Das alles war um so ernüchternder, als die Ideen der Französischen Revolution zusammen mit der Freiheitsbewegung von 1813 gedankliche Stoßkraft entwickelt hatten. Enttäuscht schrieb Ludwig Uhland zum dritten Jahrestag der Völkerschlacht von Leipzig unter der Überschrift «Am 18. Oktober 1816» ein Gedicht, in dem es heißt:

… Zermalmt habt ihr die fremden Horden,
Doch innen hat sich nichts gehellt,

Wiener Kongreß, 1814/15. Lithographie nach einem Gemälde von Jean-Baptiste Isabay

Und Freie seid ihr nicht geworden,
Wenn ihr das Recht nicht festgestellt.

Es «hellte» sich auch weiterhin nichts, vielmehr sorgte der leitende österreichische Staatsmann Fürst Metternich dafür, als der eigentliche Herrscher im Deutschen Bund, daß sich auf politischem Gebiet in Deutschland nichts bewegte. Alle Regungen, die auf den nationalen Verfassungsstaat zielten, unterdrückte er mit Willenskraft und Konsequenz. Aber das war nur ein Aspekt der Ära Metternich, in deren Spätzeit Bertha von Suttner geborene Kinsky in Prag zu Welt kam. Die Epoche zeigte sich sehr gegensätzlich: romantisch gefühlvoll, biedermeierlich gemütlich, frühindustriell ausbeutend und eben politisch spannungsreich. Auf der einen Seite wurden Rechte eingefordert, auf der anderen niederhaltende Zwangsmittel eingesetzt. Das alles überkreuzt, bündelt, verträgt und streitet sich in den Jahrzehnten zwischen 1815 und 1848.

Der Namengeber der Geschichtsperiode war weit entfernt vom groben Zuschnitt moderner Diktatoren. Der feingliedrige Rheinländer aus Koblenz, versehen mit allem gesellschaftlichen Schliff des Ancien régime, erfahren in den schönen Künsten der Salons, Liebhaber der Frauen, entsprach vollkommen dem Bilde des alten Europa der Herrscher und Kabinette: ein Mann des 18. Jahrhunderts, durchaus bedacht, den Bürgern zu friedlichem Leben zu verhelfen; nur hatten sie die Staatsdinge den dafür Berufenen zu überlassen. Bestärkt worden war er in diesen Ansichten durch die blutigen Exzesse der Französischen Revolution. Sie hatten seine Jugendjahre lebensprägend beeinflußt. Daraus rührte seine Furcht und die Furcht anderer Mächtiger, schon in maßvollen Forderungen liege der Keim des Umsturzes. Undenkbar für ihn, in den Untertanen Staatsbürger zu sehen, welche an der politischen Willensbildung zu beteiligen seien. So verweigerte er der Generation, die Blut und Leben für die Befreiung von der Fremdherrschaft eingesetzt hatte, den angemessenen Lohn. Daraus mußten Konflikte entstehen.

Die langwährende politische Unterdrückung hatte überdies Folgen, die sich auf Bertha von Suttners friedensbemühte Lebensarbeit sehr nachteilig auswirken sollten, ohne daß ihr die Zusammenhänge bewußt wurden; solche geschichtlichen Verflechtungen untergründiger Natur erkennen immer erst die Nachlebenden: Nicht allein die Entmündigung von seiten des führenden Staatsmannes der Restaurationsperiode hielt den Uhrzeiger des Jahrhunderts auf. Die Monarchen, voran die Hohenzollern mit ihrem Selbstgefühl vom Gottesgnadentum, hielten das aufgeklärte Bürgertum über weitere Jahrzehnte, zuletzt von Bismarck unterstützt, in einem Zustand politischer Unmündigkeit. Zwingend mußte sich hieraus ein Energiestau und, mit Freudschem Begriff, der Hang zu Überkompensationen entwickeln. Sie äußerten sich spätestens seit Wilhelm II. im Willen nach Weltgeltung, nach dem Platz an der Sonne, in alldeutschen Begehrlichkeiten, in martialischen Festreden, rhetorischem Säbelrasseln, in der Übersteigerung des Militärgeistes, im nationalistischen Weihrauch vom «deutschen Wesen» als Heilmittel für die Welt. Mit Händen ist zu greifen, wie hier ungesund wucherte, was nicht stetig-organisch hatte wachsen dürfen. Wie sollte da Pazifismus gedeihen können?

Härter, durchgreifender noch als in Deutschland im Vormärz («vor dem März» 1848) regierte in Österreich die Gesinnungspolizei, befingerte sogar die Post des Staatskanzlers, obwohl der doch am allerwenigsten politischen Veränderungswillens verdächtigt werden konnte. Im geistigen Leben, soweit es sich nicht gänzlich politikfern entfaltete, bewegte sich demzufolge wenig. Ja, für den stockkonservativen, engen Kaiser Franz I. von Österreich, der bis 1806 das letzte gekrönte Oberhaupt des alten deutschen Reiches gewesen war, bedeutete Geist überhaupt eine entbehrliche Größe. «Ich brauche keine Gelehrten, sondern gehorsame Untertanen», sagte er einmal zu den Professoren der Universität Graz.[2]

Österreich, seinem beharrenden Staatsverhalten gemäß, blieb auch dem Deutschen Zollverein fern. Achtundzwanzig deutsche Staaten schlossen sich von 1831 bis 1842 handelspolitisch unter preußischer Führung zusammen. Nicht nur die rückblickende Betrachtung der Historiker sieht hierin eine Keimzelle der politischen Einigung Deutschlands. Heinrich Heine, im «Wintermärchen» von 1844, sah es schon so und legte die Voraussicht einem Mitreisenden in den Mund:

«Der Zollverein» – bemerkte er –
«Wird unser Volkstum begründen.
Er wird das zersplitterte Vaterland
Zu einem Ganzen verbinden – –».

Ersehnten zwar die Österreicher nicht gerade die Einigung Deutschlands, die ihnen nichts bringen konnte, so wünschten doch viele von ihnen, vor allem der nachwachsenden Generation, Mitsprache beim Regieren und jene Gedankenfreiheit, die Schillers Marquis Posa einst dem spanischen König hatte abtrotzen wollen. Als daher in Paris im Februar 1848 die Revolution gegen den «Bürgerkönig» Louis-Philippe ausbrach, sprang der Funke des Aufruhrs bald über nach Berlin und Wien. Hier, im Machtmittelpunkt der Epoche, sangen die Studenten:

O Metternich, o Metternich,
Ich wollte, daß das Wetter dich
Tief in den Boden schlüge![3]

März-Revolution in Wien, 1848: Volksredner vor dem Ständehaus

Die Bitte wurde erhört. Der alte Staatsmann trat zurück, kurz vor seinem 75. Geburtstag, und ging nach England. Die liberale Monarchie, die er wegen ihrer Bürgerfreiheit immer mißtrauisch beobachtet hatte, bot ihm großzügig Asyl. Von dort schaute er grimmig zu, wie die Revolution die von ihm errichteten Barrieren gegen den Zeitgeist niederriß. Der Neoabsolutismus, nach dem am Ende doch gescheiterten Umsturz, baute sie wieder auf, und der Fürst kehrte zurück. Für einen politischen Kopf seiner Prägung – «ich war ein Fels der Ordnung»[4] – ließ sich in Wien wieder gefahrlos leben. Aber die Ära Metternich war unwiderruflich vorbei.

Die lange Werdezeit

Die Kinsky sind böhmischer Uradel. Schon 1237, unter dem letzten Staufer, werden sie urkundlich erwähnt. Lange danach gehörte ein Angehöriger der Familie, der Ritter Ulrich von Kinsky, zu den Rebellen, die im Mai 1618 zwei kaiserliche Räte aus einem Fenster der Prager Burg in den Burggraben warfen und mit diesem Akt böhmischer Spontanjustiz den Dreißigjährigen Krieg einleiteten. Mitten darin begegnet uns der nächste geschichtliche Kinsky: Graf Wilhelm, Obrist Wallensteins. Er diente ihm in diplomatischen Missionen im Lager der Schweden und in Frankreich und wurde mit ihm zusammen ermordet. In Schillers Dramentrilogie tritt er nicht auf, dafür in Fontanes Gedicht «Schloß Eger»:

Lärmend, im Schloß zu Eger,
Über dem Ungarwein,
Sitzen die Würdenträger
Herzogs Wallenstein:
Tertschka, des Feldherrn Schwager,
Illo und Kinsky dazu,
Ihre Heimat das Lager
Und die Schlacht ihre Ruh.

Es war der Abend des 25. Februar 1634, als die Häscher in den Saal stürmten: «Kinsky fiel als Erster, fast augenblicks.»[5]

Die militärische Tradition der Familie wird besonders augenfällig an einem Gemälde, zweihundert Jahre später, das biographisch-genealogischen Ausnahmecharakter besitzt: Vier Brüder stehen nebeneinander, und alle vier sind Generäle der kaiserlich-königlichen Armee. Der zweite von links, Franz Joseph, lernte seine Tochter Bertha nicht mehr kennen. Vierundsiebzigjährig starb er vor ihrer Geburt, ein halbes Jahrhundert älter als seine Ehefrau Sophie Wilhelmine.

Berthas Vater Franz Joseph Kinsky (2. v. l.) mit seinen Brüdern Christian, Carl und Anton – allesamt Generäle der kaiserlich-königlichen Armee

Seit 1786 bewohnte die verzweigte Familie Kinsky, von ihren Landgütern abgesehen, das nach ihr benannte spätbarocke Palais auf dem Altstädter Ring in Prag. Bertha Gräfin Kinsky wurde hier am 9. Juni 1843 geboren. In ihren Lebenserinnerungen gibt sie die Taufurkunde in einer Ausfertigung von 1866 wieder. Das Dokument führt als Taufpaten den sechsjährigen Bruder Arthur auf sowie das Kammermädchen Barbara Kraticek. Kein erwachsener Taufpate aus der erlauchten Familie? Die Urkunde selber verrät den Grund. Bertha wird genannt *als eheliche Tochter (posthuma) des hochgeborenen Herrn Franz Joseph Grafen Kinsky von Chinic und Tettau, pensionierten k. k. Feldmarschallleutnants und Wirklichen Kämmerers, gebürtig aus Wien. […] und dessen Gattin, hochgeborene Frau Sophia Wilhelmine Gräfin Kinsky von Chinic und Tettau, geborenen von Körner, gebürtig aus Prag.*[6]

Hier liegt der Makel: in der Verbindung des alten Grafen mit einer Dame von einfachem «von». Von der oberen Sprosse des niederen Adels war er hinabgestiegen auf die untere und hatte damit seinen noch nicht geborenen Kindern den Stammbaum entwurzelt. Das wurde nicht verziehen. Die Tochter selber erklärt an anderer Stelle ihrer *Memoiren*, was der Taufschein nur unausgesprochen belegt: daß sie für den Prager und Wiener Standesdünkel einer Mesalliance entstammte:

Unser Name hätte uns wohl berechtigt, in der höchsten Aristokratie zu verkehren, denn es gibt wohl keine Familie des österreichischen Hochadels, mit der wir nicht verwandt oder verschwägert gewesen wären. Aber man kennt diesen Hochadel schlecht, wenn man glaubt, daß Name und Verwandtschaft genügen, um aufgenommen zu werden. Dazu gehört – namentlich war es so in meiner Jugendzeit, jetzt ist man schon etwas weniger exklusiv – vor allem der Besitz von sechzehn Ahnen, das heißt die Hoffähigkeit. Diese besaßen wir nicht – meine Mutter war keine «Geborene».[7]

Indem die Autorin von *sechzehn Ahnen* spricht, meint sie solche, die aus dem Blickwinkel der «Hoffähigen» den Mindesterfordernissen aristokratischer Herkunft genügten. Das mußte wenigstens die Standesstufe des Barons oder Freiherrn oder, noch besser, die des Grafen sein – und weiter aufwärts. Diese Schicht

Das Palais Kinsky in Prag, Bertha von Suttners Geburtshaus

versieht sie mit dem Gütezeichen *Hochadel*, obwohl sogar der Graf nach strengen Adelsbegriffen nicht dazugehört, von Ausnahmen abgesehen.

Der betagte Vater hatte bei seiner offenkundigen Liebesbindung mit Berthas Mutter keine Rücksicht genommen auf die gesellschaftlich nachteiligen Folgen. Anders dagegen sein Freund Friedrich Landgraf zu Fürstenberg, der nach Kinskys Tod Berthas Vormund wurde (eine alleinerziehende, rechtlich verantwortliche Mutter war dem Zeitverständnis noch fern). Fürstenberg, von dem die Erzählerin mit großer Wertschätzung spricht, *hat, obwohl der Mannesstamm mit ihm erlöschen sollte, nicht ans Heiraten gedacht. Die Ursache war, daß er eine Herzensneigung zu einer Frau hegte, die zwar auch die Witwe eines Aristokraten, aber von Geburt aus nicht hoffähig war, also erschien ihm eine Heirat mit ihr einfach ausgeschlossen.*[8] So stark waren die gesellschaftlichen Zwänge dieses exklusiven Zirkels, daß die meisten ihm Zugehörigen im Konfliktfall selbst ihr Lebens- und Liebesglück dem Standesgesichtspunkt unterordneten. Das geschah vor allem mit Rücksicht auf das Ansehen der Familie und der möglichen Nachkommen. Tat jemand es aber nicht und ließ sich in seiner persönlichen Glückssuche durch nichts hindern, dann hatten die Kinder die gesellschaftlichen Kosten zu tragen. Das wird am Beispiel Berthas noch deutlich werden.

Übrigens verschweigt Fürstenbergs Mündel diskret, was der Leser ohnehin vermutet, auch wenn es keine Gewißheit hierüber gibt: daß die Dame seines Herzens, auf die er verzichtete, «wahrscheinlich niemand anderer als ihre Mutter Sophie war»[9]. Wenn es sich so verhielt, dann dient die Einfügung des Wortes «auch» der Verschleierung: *die zwar auch die Witwe eines Aristokraten war.*

Die Biographin Brigitte Hamann zitiert genüßlich aus einer modernen Familiengeschichte des Hauses Kinsky, in der «ausgerechnet die einstmals in der Familie so wenig geschätzte Bertha als ‹berühmteste Angehörige des Hauses› bezeichnet wird»[10]. Während in der Schicht nicht die Leistung zählte, sondern allein die Abstammung[11], hat Bertha von Suttners Lebensgang die ungerechte Rangfolge umgedreht.

Bald nach Berthas Geburt zog die Mutter mit den beiden Kindern nach Brünn. In der mährischen Hauptstadt lebte der Vormund, der Freund der Familie. Die Apanage der Gräfin reichte aus für einen Hausstand mit Personal und, wechselnd, mit französischen und englischen Gouvernanten, so daß schon das heranwachsende Mädchen *gut Französisch und Englisch* sprach[12]. Später beherrschte Bertha von Suttner diese Sprachen, dazu Italienisch, vollkommen. Als ahnte sie, daß ihr Lebensweg sie irgendwann aus dem kultivierten Leerlauf ihrer Schicht hinausführen würde, aus dem ewigen Jahreszeiten-Karussell der Maskenbälle, Soireen, Opernabende, Reunionen, las schon die Schülerin *enorm viel*, so *den halbem Schiller, Victor Hugo*, die Kirchengeschichte des *Abbé Fleury, Uncle Tom's Cabin*, dazu bereits Naturwissenschaft, was im Bildungszubehör adliger Mädchen des mittleren 19. Jahrhunderts, und nicht nur dort, ganz ungewöhnlich war. Und außerdem: *Ich spielte merkwürdig gut Klavier.*[13]

Als anspornend und fördernd auf geistigem Gebiet erwies sich vom dreizehnten Lebensjahr an eine Konkurrenz, die an Jahren nichts voraus hatte, vieles indes an Frühreife auf poetischem Gebiet. Berthas Cousine Elvira kam ins Haus. Ihre Mutter hatte einen vermögenden Bürgerlichen geheiratet, war gleichfalls verwitwet und zog nach dem Verlust des Ehemannes mit ihrer Schwester zusammen. Die Cousinen wurden unzertrennlich. Elvira Büschel brachte eine erstaunliche Literaturkenntnis mit. Das Lieblingsfach des Vaters war Philosophie gewesen, und er hatte seine Tochter mit Kant, Hegel und Fichte vertraut gemacht. *Zur Erholung von so schwerer Kost reichte er ihr Shakespeare. Und als ganz besondere Näscherei Uhland, Körner, Hölderlin. Das Resultat dieser Erziehung war natürlich ein Blaustrümpfchen.*[14]

Elvira, deren Äußeres nicht die künftigen gesellschaftlichen Erfolge ihrer verwandten Freundin zu versprechen schien (was vielleicht gerade deshalb *eine wahre Anbetung*[15] für Bertha zur Folge hatte), sah sich statt dessen als kommende Dichterin von säkularem Rang. Vielleicht lag in der Erwartung mehr als nur das altersübliche Selbstgefühl von welteroberndem Berühmtwerden. Immerhin haben der damals schon gereifte Franz Grillparzer und die junge Marie von Ebner-Eschenbach nicht allein auf Elviras Dramen, Novellen, Gedichte, die diese ihnen übersandt hatte, freundlich-ermunternd geantwortet, sondern sie sogar daraufhin besucht, für eine Fünfzehnjährige eine im Literaturgeschehen seltene Auszeichnung. Allein, Elvira starb früh. Sie, die ungeachtet ihrer Vorstellung von weltentsagendem Dichterleben viel eher heiratete als die umschwärmte Cousine, erlag schon mit nicht einmal fünfundzwanzig Jahren in Venedig der Tuberkulose.

Die Dichterbesuche empfing Elvira, unter Berthas bewundernder Teilnahme, in Wien. 1856 waren die Mütter in die Hauptstadt des Reiches umgezogen, ohne allerdings die Wohngemeinschaft zunächst fortzusetzen. Das geschah erst drei Jahre später wieder bei der Übersiedlung nach Klosterneuburg bei Wien. Auch Arthur Kinsky, als Leutnant aus der Armee entlassen wegen eines Lungenleidens, gesellte sich fürs erste wieder zur Familie. Obwohl Bertha sich schriftstellerisch im Schatten der Cousine wußte, wagte sie sich sechzehnjährig, *aus Neid und Nachahmungstrieb*[16], an eine Novelle und schickte sie einer kleinen Zeitschrift, die das Werkchen tatsächlich annahm und druckte. Doch so überraschend die Mutprobe bestanden worden war, auf lange Zeit blieb es offensichtlich bei diesem einen Versuch. Andere Versuchungen traten einstweilen stärker hervor: die gesellschaftlichen. Nach zwei beglückenden Sommeraufenthalten in Wiesbaden sollte die Achtzehnjährige «in die Welt» eingeführt werden, in die Société, wie die aristokratische Oberschicht sich selber nannte. Dieser Start endete mit einem Fiasko. Für das Debüt hatte Gräfin Sophie einen Ball ausgesucht, ein sogenanntes Picknick von nicht ganz exklusivem Charakter, jedenfalls ein Gesellschaftsereignis, zu dem die «Creme» erschien.

Ich sehe noch meine Toilette: ein weißes Kleid ganz mit kleinen Rosenknospen besät. Voll freudiger Erwartung betrat ich den Saal. Voll gekränkter Enttäuschung habe ich ihn verlassen. Nur wenige Tänzer hatte ich gefunden. Beim Kotillon wäre ich bald sitzen geblieben, hätte sich nicht schließlich ein häßlicher Infanterieoffizier, der sich zahlreiche Körbe geholt hatte, meiner erbarmt. Die hochadeligen Mütter saßen beisammen, meine Mutter saß einsam; die Komtessen standen in Rudeln und schnatterten miteinander – ich kannte keine; beim Souper bildeten sich lustige kleine Gesellschaften, ich war verlassen.[17]

Erzürnt darüber, nahm die Achtzehnjährige einen Heiratsantrag an von einem der reichsten Männer in Wien, Eigentümer des «Fremdenblattes». Bertha hatte ihn beim Antrittsbesuch, der erst

Bertha Gräfin Kinsky in Wien

wenige Tage zurücklag, nicht unsympathisch gefunden, doch seiner fortgeschrittenen Jahre wegen gezögert: Er war schon zweiundfünfzig, obendrein bürgerlicher Herkunft, erst vom Kaiser Franz Joseph in den Freiherrenstand erhoben aufgrund seiner publizistischen Unterstützung der konservativen, der gegenrevolutionären Kräfte. Die Niederlage auf dem Ballabend ließ die Gedemütigte alle Bedenken überwinden. *Jetzt bin ich entschlossen, ich nehme den Antrag an*[18], verkündete sie ihrer Mutter.

Doch schon beim ersten Kuß des Beseligten erwies sich, daß Trotzreaktionen nicht der Nährboden des Eheglücks sind. Die Verlobte schauderte, ließ die Verbindung lösen und die Geschenke zurückreichen. Die Memoiren verschweigen den Namen des Bewerbers, eine Tagebuchnotiz von 1898 gibt ihn preis. Es war Gustav von Heine-Geldern, jüngerer Bruder des Dichters Heinrich Heine. Als zweiten Namensbestandteil hatte er den Geburtsnamen seiner Mutter entliehen, vielleicht, um sich von dem rebellischen Bruder um so betonter abzusetzen.

Die Absage nach dem vorherigen Jawort sollte nicht der einzige Ehefehlstart bleiben. Auch die folgenden werden an ihren Begleitumständen ablesen lassen, daß eine verwundete Seele Genugtuung, Schadensausgleich entweder im Reichtum oder in einem klingenden Namen zu finden hoffte. Ebenso belegen die Selbstzeugnisse, daß lebenslang eine unaufgelöste Spannung be-

Gustav von Heine-Geldern

stand zwischen dem Stolz auf den Geburtsnamen samt dem Kulturzubehör dieser Schicht – und den bis ins Verachtende gesteigerten Empfindlichkeiten gegen sie, die der Debütantin den Zutritt verwehrt hatte und Amusement als Selbstzweck betrieb.

Stolz: Er spricht noch aus den Visitenkarten der Friedensstreiterin, die unter dem Namen Suttner berühmt geworden war, aber gern betont, eine geborene (*née*) Gräfin Kinsky zu sein. Zum Kapitel Stolz zählt nicht weniger die schwelgerische Freude, sich am Sitz einer alten Familie – nicht unbedingt der eigenen – behaglich umzutun:

Da sind die Galerien mit den Bildern gekrönter Vorfahren; da ist die Rüstkammer mit den Waffen, die von heerführenden Mitgliedern des Hauses getragen wurden; da sind die Zimmer, wo königliche Gäste gewohnt haben; da sind ganze Museen von Pretiosen, Pergamenten und Dokumenten, die von der historischen Herrlichkeit des Hauses zeugen: da spricht alles von Macht, Glanz und Ruhm. Von der höchsten Zinne des Turmes, wo in den Wappenfarben die Fahne weht, bis hinab in das Gruftgewölbe, wo jahrhundertealte Gerippe in steinernen Särgen ruhen: alles verkündet die Hoheit des hier waltenden Geschlechtes.[19]

Die Abwehr hingegen tritt schneidend hervor, wo die selbstzufriedene Oberschicht dem Bürgertum gegenübergestellt wird: dort kreisender Stillstand, hier schöpferische Bewegungsenergie; dort lustvoller Müßiggang, hier vorwärtsdrängender Schaffenswille. Dafür steht ebenfalls ein Abschnitt ihres Buches *High Life* von 1886. Je wortreicher die Autorin die Annalen des 19. Jahrhunderts um ihre eigene Handschrift vermehrte, desto stärker fühlte sie sich der bürgerlichen Gegenseite ihres Herkommens verbunden und zugehörig:

Der österreichische Adel ist von der Moderne am wenigsten angekränkelt. Er rekrutiert sich nicht, wie die englische Peerage, aus dem Bürgertum; hier sind die Zehntausend mehr Kaste als Klasse. Die Bläue ihres Blutes ist ihnen Glaubensartikel. Eine Kluft liegt zwischen ihnen und dem Mittelstande. Dieser aber ist es, der die Arbeit – sowohl die manuelle wie die intellektuelle – betreibt, und da jeder Kulturfortschritt nur ein Ergebnis der Arbeit ist, so erhellt, daß die zeitbewegenden Gedanken vom Mittelstande ausgehen. Zu den jenseits dieses Standes lebenden Zehntausend dringen jene Gedanken nicht deutlich, sondern nur wie ein etwas unangenehmer – weil drohender – Brandungslärm hinüber.[20]

Worte der Dreiundvierzigjährigen. Gegenüber der Altersstufe, bei der der Erzählgang stehengeblieben war, beträgt der Zeitabstand ein Vierteljahrhundert. Die Memoirenschreiberin von 1909 schaut als Mittsechzigerin sogar nahezu über ein halbes Jahrhundert hin auf ihr junges Gegenbild zurück. Doch die beschriebene Person ist der Erinnernden unzugehörig fremd geworden, wie jemand, *an dem ich ebenso unbeteiligt bin wie an den Launen der Kleopatra oder der Semiramis*[21].

Die erlittene Kränkung hatte die Achtzehnjährige nicht gehindert, in der eleganten Kurzweil in den Bädern und Metropolen an der Seite der Mutter, Tante und Cousine die natürliche Lebensumwelt zu sehen – einbegriffen die Hoffnung auf eine blendende Partie. Und als Elvira heiratete, fand Bertha andere Freundinnen und neue Beziehungen inmitten der Nationenvielfalt, die die internationalen Treffpunkte kreisend besetzte wie die Elfenbeinkugel die Fächer im Roulette.

Ein Tageslauf wie in Baden bei Wien im Sommer 1862 konnte übertragbar auch für andere Aufenthaltsorte gelten. *Eine kleine Gesellschaft bildete sich – ein paar elegante, hübsche junge Mädchen darunter und zahlreiche junge Herren, meist Offiziere, dazu die obligaten Mütter –, man begegnete sich täglich, oft auch dreimal täglich, zu Mittag im Park bei der Musik, nachmittags auf der Promenade und abends wieder, wenn nicht Reunion war* (eine Tanzgesellschaft oder andere Lustbarkeit zur Unterhaltung der Kurgäste), *bei der einen oder anderen Familie oder bei der Abendmusik im Park.*[22]

Die Autorin, die den Kunstgriff anwendet, alle Verantwortung für ihre ferne Vergangenheit abzulehnen, braucht daher auch die Tatsachen von einst nicht zu retuschieren. Sie muß nicht verschweigen, daß ihr in Rom weder der Vatikan noch die Engelsburg oder das Forum Romanum wichtig waren, *sondern der Monte Pincio mit seinem eleganten Korso, das Teatro Costanza mit seiner Opernstagione […] und die Bälle und Soireen, denen wir in den Palästen der römischen Großen oder in den Salons der Fremdenkolonien beiwohnten*[23].

In den fremden Metropolen, in der Glitzerwelt so vieler Zungen und so vieler klingender Namen von nicht immer genau zu messender Herkunft wurde die steife Stufengesinnung der Wiener Aristokratie unwesentlich, so daß Mutter und Tochter Kinsky sich dort nirgends minderbeurteilt fühlen mußten. Ironie am

Blick auf Rom vom Monte Pincio, um 1860

Rande: In Venedig, einem weiteren Stützpunkt in der ewigen Saison des High Life, wurden die Österreicher von der einheimischen Oberschicht unterschiedslos geschnitten. Stadt und Provinz Venetien waren von 1815 bis 1866 von der Donaumonarchie beherrscht. *Die italienischen Familien hielten sich feindselig abseits.* Dazu kam, daß die uralte *totenbleiche Lagunenkönigin*[24] auf den jungen Emporkömmling Wien geringschätzig herabsah ...

Es paßte zum Zerstreuungsbedürfnis der jungen Comtesse, daß sie den berühmten Karneval weit erlebenswerter fand als die morbide Schönheit der Stadt im Labyrinth der Kanäle.

Der kritische Abstand von Jahrzehnten gehörte dazu, die High-Society des mittleren und späteren 19. Jahrhunderts, in der Bertha Kinsky ihre weithin unbeschwerte Jugend verbracht hatte, so kühl-zergliedernd vor Augen zu führen wie in dem schon erwähnten Buch *High Life* der Dreiundvierzigjährigen. Da sieht sie in ihrem früheren tagesfüllenden Umgang *eine ganz eigene nomadisierende Völkerschaft, die ihre Zelte an alle Vergnügungsorte schleppt und sich überall da zu Hause fühlt, wo sie ihresgleichen begegnet [...] Es sind die Zigeuner des Luxus. Wo es von Opernmusik, Pferdehufschlag, Champagnergläsergeklirr und Flirt-Gekicher erschallt; wo Wappen und Kronen, Fächer und Reitgerten, Puderquaste und Jagdgewehr die Insignien des Berufes bilden; wo man Bacara spielt, sich auf Degen schlägt, Zweitausendfrancs-Toiletten trägt, Tauben schießt, Korso fährt, verschleiert zum Rendezvous eilt, seine Ahnen von den Kreuzzügen datiert oder seinen Kredit nach Millionen beziffert: da hat sich solch ein Luxuszigeunerlager aufgeschlagen.*[25]

Man fühlt sich erinnert an die Formel «zu Tode amüsieren»; nur, daß sie nicht dem 19. Jahrhundert entstammt, sondern dem zwanzigsten. Der Amerikaner Neil Postman hat sie nicht auf die Gesellschaft der oberen Zehntausend von ehedem gemünzt, sondern auf das (ebenfalls internationale) Fernsehpublikum von heute.

Als ein Zubehörteil im Unterhaltungsbetrieb der *Zigeuner des Luxus* wird der Name *Bacara* genannt. Im Erzählabschnitt ist er ein Amüsierbegriff unter anderen; für die Verfasserin ist er bittere Erfahrung: Die Mutter war dem Spiel verfallen. Die beiden Schwestern hatten ein vermeintlich sicheres Gewinnsystem ersonnen und daheim erfolgreich erprobt. Doch was in der Theorie gelungen war, wollte sich am Spieltisch nicht bestätigen. Die hilfreichen Geister der häuslichen Experimente überließen ihre Herrinnen im Casino höhnisch den Launen der Karten und Kugeln. Das erhoffte Millionenglück erwies sich je länger, desto mehr als Pech in schmerzender Größenordnung. Denn die Mutter steckte die Verluste nicht weg mit der Gelassenheit eines reichen Lebemannes, sondern mußte sich in ihrem Lebensstil zeitweilig spürbar beschränken.

Solche erzwungene Zurückgezogenheit kam der Tochter insoweit zugute, als sie hier mehr als nur in den Geselligkeitspausen von Bad Homburg, Baden-Baden, Wiesbaden ausschweifend lesen konnte. *Ich war immer eine hungrige Bücherverschlingerin*[26] mit einem Umfang von Lektüre, den man in der Altersstufe zu allen Zeiten außergewöhnlich genannt hätte. *Die ganze Tauchnitz-Edition* war nur ein Sektor: jene Buchreihe des Leipziger Verlegers Christian Bernhard Tauchnitz, der die englisch-amerikanische Literatur in der Originalsprache in Deutschland bekannt machte. Bertha las sich durch die deutschen, englischen und französischen Klassiker des Dramas, nahm die modernen

«Der Spieltisch» (in Baden-Baden) von Gustave Doré, 1883

französischen Romane in sich auf, vorzugsweise *den ganzen Victor Hugo*, an seiner Sprachgewalt sich berauschend.

Doch ebenso wie die schöne Literatur und vielleicht noch mehr fesselte mich die wissenschaftliche. Ich las ethnographische, chemische, astronomische Werke; doch die liebste Disziplin war mir die Philosophie. Da hatte wohl Elvira den ersten Anstoß gegeben. Sie alle, die Literaten und die Philosophen, nennt sie *meine geistigen Genossen, in deren Gesellschaft ich eine glückliche, meinen persönlichen Erlebnissen entrückte Doppelexistenz führte, in der sich mir die Seele wohlig weitete*[27].

Mehrfach finden wir in den *Memoiren* diese Vorstellung von zwei ineinandergehenden Erlebensformen, der wirklichen und der geistigen: *[...] seit ich zurückdenke, habe ich immer, unter allen Umständen und in jeder Lage, zwei Leben geführt, das eigene und das meiner Lektüre – ich will sagen, die erlebten und die beschriebenen Ereignisse haben gleichzeitig meinen Erinnerungs-*

schatz bereichert; die gekannten Personen meines Umganges haben sich um die Helden meiner Autoren vermehrt; eine doppelte Erfahrung ist es, an der sich, was ich bin, herausgebildet hat.[28]

Schien der jungen Salondame in Augenblicken *die Welt zu keinem anderen Zweck erschaffen worden, als zu dem, unser Vergnügungsort zu sein*[29], gerade dann immer, wenn Courmacher sie umschwärmten und sie im Wohlgefühl einer Ballkönigin über die Tanzflächen glitt – so schwächt das angestrengte Bildungsbemühen die halbernste Aussage doch erheblich ab. Aber dann kam noch Mühevolleres hinzu, als im Selbststudium Naturwissenschaft und Philosophie zu durchdringen: eine Ausbildung im Gesang.

Enttäuschungen

Berthas Mutter trug zwei Bürden mit sich herum: daß ihre Einheirat den Kurswert des alten Namens in diesem Familienzweig hatte sinken lassen und daß ihr der Lebensberuf und -erfolg einer großen Sängerin versagt geblieben war. Ein italienischer Maestro hatte einst ihre Stimme für triumphverheißend beurteilt, doch hatten ihre Eltern eine Ausbildung abgelehnt. Oper und Theater gehörten zwar zum ständigen Abendprogramm der *Société*, die Darsteller aber, vornehmlich die Darstellerinnen, wurden für nicht gesellschaftsfähig gehalten. Bis in unser Jahrhundert hinein und bis tief in die bürgerlichen Kreise war zwar ein Bühnenstar eine gefeierte Größe, sein Handwerk indes kein «anständiger Beruf». Diesem gespaltenen Denken hatte auch Sophie von Körner ihre Träume opfern müssen. Ob ihr Talent ausgereicht hätte, den Ruhmeshunger zu stillen, erscheint der Tochter im Rückblick zweifelhaft. Zu mühevoll studierte sie das Neue ein (gleichlaufend mit Berthas Klavierunterricht), und zu seicht dünkt der Erinnernden das Repertoire, abgesehen von den ewig wiederholten Arien der gallischen Oberpriesterin Norma in Bellinis tragischem Zweiakter. Die Träumende bewies also auch nicht den Kunstgeschmack, die eine große Laufbahn mit zu ihren Voraussetzungen zählt.

Aber nun wiederholte sich eigentümlich, eine Generation weiter, die Ausgangslage. Wieder erklärte eine musikalische Autorität, diesmal ein früherer Dirigent und auch Gesangmeister am

Konservatorium, daß hier eine ungewöhnliche Begabung warte, an die Menschheit verschenkt zu werden. Der Musiker, Professor Beranek, hatte als Mietnachbar in Baden bei Wien die Comtesse singen hören und verstieg sich zu den Worten, hier sei eine Stimme, *wie sie nur alle hundert Jahre einmal vorkommt, wie ich sie seit Jenny Lind nicht mehr gehört*[30].

Mutter Kinsky, *überhaupt eine etwas schwärmerische, überspannte Natur*[31], erblickte im Geiste die zweite Chance, eine gleichsam vererbte: daß in ihrer Tochter wahr und wirklich werde, was sie für sich selbst vergeblich erhofft hatte. Hier, wo es darum ging, das eigene Leben ins reine zu schreiben, schob sie den herkömmlichen Einwand beiseite, daß die Bretter, die die Welt bedeuten, für ein Mädchen «aus gutem Hause» im Grunde überhaupt nicht in Betracht kamen. Doch wurde das Unternehmen dem Vormund besser verschwiegen.

21 Jahre alt war der eben entdeckte, lediglich noch unbekannte Stern am Opernhimmel, und sogleich begann das *Kunstnoviziat*[32] – jetzt, im Herbst und Winter 1864, mit täglich vierstündigem Unterricht in Stimmbildung und Theorie. Aufgrund *des unermüdlichen Lobes und Staunens* ihres denkbar unpädagogischen Entdeckers und Lehrers kostete Bertha alle Wonnen künftigen Berühmtseins vorweg, wenn sie Tonleitern und Solfeggien auf- und niedergleiten ließ und an den Schulaufgaben in der Harmonielehre saß. Der Absturz in die Welt der Tatsachen wurde dann um so ernüchternder.

Nach eineinhalb Jahren empfahl der Professor seiner Schülerin, zu einem berühmten Gesangmeister zu wechseln. Madame Pauline Viardot García in Baden-Baden wurde angeschrieben. Ihr Urteil nach dem Vorsingen war von brutaler Offenheit: *Sie können in der Tat gar nichts.*[33] Die Stimme an sich hielt sie nicht für schlecht, aber doch kaum für vielversprechend, und das Alter von 22 Jahren für eine in diesem Berufszweig erst Auszubildende schon als zu hoch.

Nach dieser Niederlage fiel es dem Lobredner in Baden nicht leicht, die Enttäuschte zum Weitermachen zu bewegen. Doch gelang ein neuer Motivationsschub, nachdem eine andere anerkannte Größe in den Laufbahnschmieden der Gesangskunst der Novizin Talent zugesprochen hatte: Maître Duprez in Paris. *Aus Ihnen werde ich etwas machen*[34], schmeichelte er der mittlerweile Dreiundzwanzigjährigen in gefährlicher Geringach-

Die französische Kaiserin Eugenie im Kreise ihrer Hofdamen. Gemälde von Franz Xaver Winterhalter, um 1855. Compiègne, Schloßmuseum

tung des vorgeschrittenen Alters. Die Mutter war einverstanden – besser wohl: beglückt –, daß die Tochter bei ihm Unterricht nehmen durfte, und so zogen sie zu Beginn des Jahres 1867 nach Paris.

Das zweite Kaiserreich war in seinem vollsten Glanze. Wer hätte damals geahnt, welches Entsetzen drei oder vier Jahre später über diese lust- und prachtgefüllte Stadt hereinbrechen würde ...[35] Gewiß

kaum irgendeiner; am wenigsten Bertha Kinsky, die diese Zeilen 1883 schrieb. Denn in ihrer Jugend waren die politischen Elementarereignisse – wie die gewaltsame Loslösung der Lombardei von Österreich 1859, der preußisch-österreichische Krieg von 1866 – vollkommen unbeachtet an ihr vorbeigegangen, nicht anders, als «wenn hinten, weit, in der Türkei die Völker aufeinanderschlagen». *Politik interessierte mich nicht im mindesten, Tagesblätter las ich nicht. […] Ich kann es heute nicht begreifen, daß ich so stumpfsinnig sein konnte.*[36] Das Reuebekenntnis der berühmtesten Pazifistin.

Weit näher liegend als die Politik bei ihrer ersten Begegnung mit Paris: die Aufnahmebereitschaft für alles Gesellschaftliche. *Wir haben so viele Bücher gelesen, so viele Stücke gesehen, die in Paris spielen, daß, wenn wir uns auf den Schauplatz versetzt finden, alle diese Erinnerungen in unserem Kopfe nachzutönen beginnen, und dieses Gesumme von Liebes- und Ehebruch-Intrigen und sonstigen Geschichten bewirkt eine gewisse Stimmung. […] Es ist doch in anderen großen Städten auch so; da fahren durch die erleuchteten Straßen die Leute wie hier ins Theater, aber man glaubt dabei nicht, wie hier, inmitten eines Wirbels von realen Romanen zu sein.*[37]

In Paris also wurde ein neues Kapitel aufgeschlagen im musikalischen Studienbuch der Comtesse. Diesmal folgte der Hoffnung kein Absturz, dafür ein schleichender Verlust an Selbstvertrauen. Die beste Eigenkontrolle ermöglichten die allwöchentlichen Auftritte der schon weiter vorangekommenen Schülerinnen und Schüler im Bühnensaal des Instituts. Bertha, von Monsieur Duprez gefördert und ermutigt, gewann gerade im Zusehen je länger, je mehr den Eindruck einer doch nur begrenzten eigenen Begabung. Besonders drängte sich die Einsicht auf angesichts einer Sechzehnjährigen, die alles spielend meisterte, worum sie selbst kämpfen mußte, nicht zuletzt das Niederzwingen des ewigen Lampenfiebers. Die Strahlkraft jenes Bühnenkometen schwächte entscheidend die eigene Zuversicht *[...] da mußte ich mir sagen: das ist Talent, das ist die Ausnahmsgabe, das ist das gewisse Etwas, was jenseits von Ehrgeiz und Fleiß liegt, was man nicht erlangen kann, sondern haben muß und was ich nicht habe*[38]. Mehr absterbend als abgewürgt, mehr verlöschend als weggestoßen: So wichen die Vorstellungen von der großen Künstlerkarriere. Keine verantwortungsbewußte Außenstimme sagte am Ende nein, sondern die leise innere.

Doch wo das Bühnenparkett keine Zukunft versprechen wollte, da schien das gesellschaftliche die Enttäuschte immer wieder schadlos zu halten. Zwischen alten und neuen Vergeblichkeiten versöhnte die Saison in Baden-Baden sie im Herbst 1868 mit einem charmanten Zwischenspiel. Von der Wohnung der Damen Kinsky aus konnte man direkt in das Arbeitszimmer des zur Kur weilenden preußischen Königs Wilhelm I. sehen. Die Blickrichtung der neugierigen jungen Österreicherin blieb nicht einseitig. Majestät gewahrten ein einnehmendes Vis-à-vis, das im Gedächtnis haftete und wiedererkannt wurde; denn nach einem Opernabend wurde Bertha die Bemerkung des Königs zugetragen, er glaube dort die Nachbarin gesehen zu haben, die er öfters von seinem Fenster aus erblicke. Kurz darauf, bei einer Soiree, wurde die Fünfundzwanzigjährige dem König vorgestellt. *«Oh», rief er, lächelnd mir die Hand reichend, «wir kennen uns schon lange – vom Fenster aus.»*[39]

Bei einer neuerlichen Begegnung, kurz bevor der Monarch den Kurort verließ, ersuchte Bertha um eine Fotografie, mit Namenszug. Der alte Herr, auf solche Auswirkungen seiner Volkstümlichkeit gefaßt, muß wohl einen kleinen Vorrat von signierten Ab-

Wilhelm I.,
König von Preußen,
um 1870

lichtungen bei sich gehabt haben, denn er entsprach der Bitte augenblicks. Die erbetene Gegengabe war schlecht ausgefallen; Wilhelm wollte eine fotografisch gelungenere Erinnerung mitnehmen. Am nächsten Tag wurde ihm das Bild mit einem Begleitschreiben übermittelt. *Was darin stand, das weiß ich nicht mehr, doch muß ich etwas von Eroberung gesprochen haben – vielleicht spielte ich dabei auf 1866 an. [...] Eigentlich hätte ich als Österreicherin gegen unseren Überwinder patriotischen Groll hegen müssen, aber ich gestehe, daß ich nichts Ähnliches empfand ...* Der König nahm sich im Trubel des Aufbruchs die Zeit zu einer handschriftlichen Antwort:

«Soeben empfange ich Ihre etwas bessere Photographie, gnädige Komtesse, als die, welche Sie gestern so gütig waren, mir zuzustellen. Indem ich meinen aufrichtigsten Dank hiemit aussprechen darf, muß ich denselben auch, und zwar noch weit inniger, für die liebenswürdigen Zeilen aussprechen, welche die Photographie begleiteten. In den Passus der Eroberung scheint sich ein Fehler eingeschlichen zu haben, indem Sie wohl sagen wollten, daß Sie sehr wohl wüßten, eine Eroberung gemacht zu haben, und zwar die eines zweiundsiebzigjährigen Greises, dessen Sentiments oft noch sehr lebhafte Eindrücke aufnehmen, namentlich wenn sie durch Visavis unterhalten – wenn auch nur selten – werden!

Mich Ihrem ferneren Andenken angelegentlichst empfehlend, verbleibe ich, gnädige Komtesse, Ihr sehr ergebener

Wilhelm rex.»

Berthas «Eroberung», von der der betagte Charmeur auf dem Preußenthron geschwärmt hatte, konnte nur eine kleine unverbindliche Huldigung sein, wenngleich sie an der Gesellschaftsbörse einen beachteten Tageskurswert besaß. Doch die wirklich gewichtigen Aktien, die hier gehandelt wurden, sahen anders aus. Da gab es Spekulanten, die *dürsteten nach Rang und Titel*, und solche, die *eine reiche Partie machen* wollten[40]. Mitunter trafen sich beide Absichten auf halbem Wege: ein junger Mann mit Rang ohne Geld, eine junge Dame mit Geld ohne Rang. Die vorteilbedachte Verbindung beider Halbheiten verhieß nicht immer, daß aus der Summe der Teile ein Ganzes wurde. Leicht konnte sie sich verkürzt sehen um die entscheidende Zutat tragender Empfindungen.

Die Mittel, die eingesetzt wurden, um das jeweils erstrebte Ziel zu erreichen, dienten vor allem auf weiblicher Seite dem wirkungsvollen Erscheinungsbild. Bertha von Suttner, darin gewiß nicht zu kurz gekommen, schaute später mit dem gesellschaftlichen Erfahrungsschatz von mehr als anderthalb Jahrzehnten, die sie auf dem Laufsteg der Eitelkeiten zugebracht hatte, sehr abschätzig zurück.

Welche Schätze von Zeit, von geistiger Kraft damals von den Frauen vergeudet wurden, um ihr lohnendstes Ehrenziel: schön zu sein oder mindestens zu erscheinen, zu erreichen, das ist unberechenbar. «Toilette» war der Name jenes ganzen Kultus, dessen stets zu befolgende und stets wechselnde Liturgie «die Mode» hieß […] «Was werde ich anziehen?» – diese Frage habe zwei Drittel ihrer Lebensinteressen aufgezehrt. *Wenn man bedenkt, daß der Gang der Zivilisation und damit die Entfaltung menschlicher Gesittung und Wohlfahrt von dem Maße der zurückgelegten intellektuellen Fortschritte abhängt, und wenn man daneben berechnet, wie viel Nachdenken, wie viel geistige Anstrengung, wie viel Talent von seiten der halben Menschheit an die Bekleidungsfrage gewendet wurde, so läßt sich ermessen, um wie vieles das Glück unseres Geschlechts durch das Schönseinwollen des sogenannten schönen Geschlechts verzögert worden ist.*[41]

Von den großen Losen in der aristokratischen Klassenlotterie – Schönheit, Titel, Vermögen – hatte Bertha Kinsky uneingeschränkt nur das erste gezogen. Das zweite wurde in der *Société* nicht anerkannt, und beim Bemühen um das dritte fiel sie einem Hochstapler in die Hände. Die Tragikomik dieser Geschichte wird ohne Rücksicht auf die Peinlichkeit für die Übertölpelte in den Memoiren ausgebreitet.[42]

Ein australischer Jüngling huldigte ihr auffallend während der letzterwähnten Saison in Baden-Baden, mit prachtvollen Blumensträußen Tag für Tag, und reiste ihr anschließend nach Paris nach, wo die Mutter und Bertha den folgenden Winter 1868/69 verbrachten. In ihrer dortigen Wohnung ließ sich eines Tages der Vater des Verehrers melden, ein alter Herr, den man einer Lähmung wegen tragen mußte. In feierlichen Worten hielt er für seinen Sohn um Berthas Hand an, entschuldigte dessen große Jugend, für die er aber in seinem zu vererbenden unermeßlichen Vermögen – *«Ich bin der reichste Mann in Australien»* – einen vertretbaren Ausgleich meinte sehen zu dürfen. Die Wahl des Wohnsitzes bleibe dem jungen Paar überlassen; ein Palais in Paris werde jedenfalls gekauft – und für seine Bonität bürge nachprüfbar das Haus Rothschild.

Nach kurzer Bedenkzeit – *meine Mutter betrachtete die Sache auch als einen Glücksfall* – sagten beide ja. Der Schwiegervater in spe ließ Bertha während einer Spazierfahrt auf den Champs-Élysées einen der zum Verkauf stehenden architektonischen Schmuckkästen aussuchen. Dann wurde ein dreireihiges Perlenhalsband im Wert von zweimal hunderttausend Franc anprobiert, doch wollte man heute noch nicht abschließen ... Berthas *wahre Tausendundeine-Nacht-Stimmung* währte bis zur Verlobungsfeier im Hause des befreundeten Prinzen Murat. Der Bräutigam blieb aus, so daß die Festgesellschaft in allseitiger Verlegenheit ohne ihn speiste – bis ein Billett eintraf: mit dem schmerzlichen Bedauern des Vaters, die Verbindung wegen der allzu großen Jugend seines Sohnes (er sei nicht zwanzig, wie angegeben, sondern erst achtzehn) wieder lösen zu müssen. Man habe Paris in Richtung England verlassen.

Die beiden offenbar nur mäßig bemittelten Glücksritter hatten eine blendende Partie erhofft und verspätet wahrgenommen, «daß Bertha kein reiches Mädchen war»[43], obwohl sie durch den forcierten, erfolgsbedachten Lebensstil ihrer Mutter den Eindruck erweckt haben mußte, besonders wohlhabend zu sein.[44] *Später erfuhren wir, daß die ganze Häuserzeile in Melbourne*, die der gelähmte Australier sein eigen genannt hatte, *und die sonstigen Millionen nur Märchen gewesen.*[45]

Die Jugend unter den oberen Fünfhundert betrachtete das Geselligkeitskarussell ihrer Schicht vornehmlich als Heiratsmarkt. In jeder Saison rückten einige Dutzend in die nächsthöhere Gesellschaftsetage der Vermählten auf, und heiratsfähige Nachgewachsene nahmen die freigewordenen Plätze ein. Bertha von Kinsky hatte achtzehnjährig eine allererste Gelegenheit ausgeschlagen, war fünfundzwanzigjährig neuerlich gescheitert und unternahm vier Jahre später den dritten Ehe-Anlauf.

Sommer 1872 in Wiesbaden. Adolf Prinz zu Sayn-Wittgenstein stellt sich vor, ein Mittdreißiger mit schöner Tenorstimme. Er hat Bertha am offenen Fenster singen hören. Das ergibt einen Anknüpfungspunkt. Bald bringt er Noten mit, und man singt Liebesduette. Aus den Duetten wird Liebe. Adolf will nach Amerika und dort Gesangskarriere machen, nebenbei raschestens reich werden. Was Bertha nicht weiß und was er ihr verschweigt: Er hat es dringend nötig, zu Geld zu kommen. Er ist nämlich wegen seiner Verschwendungssucht und allseitig hoher Schulden unter Vormundschaft gestellt und somit nur eingeschränkt geschäftsfähig. Der Vater, Fürst Alexander, ist so erbost über den rufschädigenden Lebenswandel seines jüngeren Sohnes, daß er im Juli 1872 einem Verwandten gegenüber im Brief unbarmherzig die Ansicht offenlegt: «Das beste ist unstreitig, ihn so bald als möglich, wie er es auch selbst wünscht, nach Amerika zu expedieren, noch besser nach Australien auf Nimmerwiederkehr.»[46] Knappe vierzehn Tage später informiert Adolf ihn brieflich über seine Wiesbadener Eroberung: «Die Dame ist dreißig Jahre alt, ihre Mutter lebt noch, ist aber so stark, daß sie nicht gehen kann; ein Vermögen von 50000 Gulden besitzt sie auch, wovon sie die Zinsen jährlich bezieht! Ich halte es für meine heilige Pflicht, teurer Vater, Dir zu sagen, daß ich die Gräfin Kinsky liebe und mir die Liebe erwidert wird. Würdest Du und die liebe Mama zu einer Verbindung Eure Einwilligung geben, so würde es jedenfalls für mich ein großes Glück sein, mit Gräfin Kinsky alsdann die Reise nach Amerika anzutreten. Wir beide würden uns ja für unsere Talente das Vermögen schaffen.»[47]

Bertha von Suttner, 1872, neunundzwanzigjährig

Transozeanische Luftschlösser – zum zweiten Mal ... Jedenfalls schienen die Liebesbeteuerungen des Bewerbers echt zu sein, und beide verlobten sich. Dazu sei, wie die damalige Braut 37 Jahre später schrieb, von den Eltern des Mannes ein zustimmender Brief eingetroffen, *und so waren wir Bräutigam und Braut*[48]. Augenscheinlich trog die Erinnerung. Der Fürst wollte von einer Eheschließung nichts wissen, wie ein Brief vom September 1872 belegt. «In betreff Deiner [...] Heirat bemerke ich, daß sich niemand verheiraten kann, der unter Kuratel steht; nimm Dich in acht, ein solches Projekt in Amerika auszuführen; ich verwahre mich feierlich vor allen Folgen.»[49]

Die Sorge war gegenstandslos, aber aus ganz anderem Grund. Adolf, der Bertha zurückließ mit dem durchaus unsicheren Versprechen, *wenn drüben seine Karriere gelang, so würde er zurückkommen, um mich abzuholen*[50] – er starb auf der Schiffsreise nach New York an den Folgen schwerer Seekrankheit. Die Leiche wurde in einer Feierhandlung ins Meer versenkt: mit Choralgesang, Salutschüssen und der Fotografie der Braut auf seinem Herzen.

Umweg zum Glück

Das abrupte Aus dieses Ehetraumes ersparte der Zurückbleibenden vermutlich dessen schleichendes Ende: wenn man auf die Hintergründe schaut, die Bertha nicht kannte. Jetzt sah sie nur den Verlust und damit Auswirkungen anderer Art. Fast dreißigjährig auf eine neuerliche Aussicht zu hoffen wäre sehr kühn gewesen für die Begriffe der Zeit vom Heiratsalter einer Frau «von Stand». Außerdem konnte das bisherige Leben in der Gesellschaftsszene an der Seite der Mutter gar nicht fortgesetzt werden, denn: *Unser Vermögen war endgültig eingebüßt, ich mußte in die Welt hinaus. […] Untätig, in dürftigen Verhältnissen zu Hause bleiben und da versauern, das wollte ich auch nicht.*[51] Unausgesprochen wird hier mitgeteilt: Die lebenshungrige, leichtsinnige Gräfin Sophie hatte das ererbte Geld vollends durchgebracht, aber kein vorwurfsvolles Wort fällt gegen sie, die auf weiten Strecken des jugendlichen Lebensweges ihrer Tochter doch wohl eher nachteilig gewirkt hatte.[52]

Die Comtesse nahm eine Stellung an als Erzieherin im Hause des Freiherrn Karl von Suttner in Wien. Offen bleibt, ob dies auf eine Empfehlung hin geschah oder aufgrund einer Annonce. Eher mit Mißgefühlen mag sie das Gebäude in der Canovagasse betreten haben, gehörte sie doch von nun an im weiteren Sinne zum Personal, nachdem sie in solchen Häusern bisher als gleichgestellter Gast ein und aus gegangen war.[53]

Die Aufgabe an sich war reizvoll und bequem. Vier teils schon erwachsenen Töchtern sollte sie *Erzieherin und Kameradin* sein[54]: mit Sprachen- und Musikunterricht an einigen Vor- und Nachmittagsstunden, abgelöst von *Vergnügen, Scherz und Frohsinn.* Zwei von drei Söhnen lebten außerdem in dem nachwuchsreichen Hause, einer von ihnen mit seiner kürzlich angetrauten Frau. Schließlich bevölkerte noch eine vielköpfige Dienerschaft das Palais am Rande der Inneren Stadt, dicht am Wien-Fluß, am Opernring und Kärntner Ring: Kammerdiener, Kammerjungfer, Stubenmädchen, Koch, Küchenmädchen, Kutscher, Portier. Suttner hatte sich in der Revolution, damals auf dem Lande lebend, der aus Wien flüchtenden Kaiserfamilie dienstbar gemacht und war vom jetzigen Kaiser Franz Joseph in den Freiherrnstand erhoben worden. Bei Hofe sah man den streng konservativen, *um nicht zu sagen, reaktionären* Parteigänger gern.

Am Nachmittag ließ die Mutter anspannen und, mit der einen oder anderen Tochter, in den Prater lenken. Dieses Sehen und Gesehenwerden, dieses *im Schritt Aufundabfahren* glich genau dem Stil, den Bertha so gut kannte von den Repräsentationspromenaden etlicher Städte an der Seite ihrer eigenen Mutter. Darüber war sie, ihrer jetzigen geistigen Reife nach, hinaus, wäre es auch gewesen bei anderem Status als dem einer unselbständigen Gouvernante.

Im Sommer fuhr die Familie aufs Land, ins niederösterreichische Waldviertel nach Schloß Harmannsdorf. Die aufwendige Lebensweise auf zwei Ebenen, Stadtpalais und Gutswirtschaft, zudem mit starkem Personal, ging eigentlich über die Verhältnisse; denn Karl von Suttner war nicht mehr so wohlhabend, wie es nach außen schien. Ein bißchen Blendwerk war dabei wie im Hause Buddenbrook. Der Freiherr hatte mit Spekulationen Verluste erlitten im «Gründerkrach» gerade dieser Jahre. (Auch Österreich war in den Konjunkturrausch nach dem Deutsch-Französischen Krieg hineingeraten und mußte ebenso die Folgen der Überhitzung tragen.) Suttner hielt aber die finanziellen Sorgen vor der Familie geheim.

Demgemäß wußte auch Artur Gundaccar von Suttner, der jüngste Sohn, nichts von den geschäftlichen Fehlschlägen, die seinen späteren Erbanteil schmälern würden. Und die *Erzieherin und Kameradin* der Töchter ahnte ihrerseits nicht, daß sie einmal in die Familie einheiraten würde. Doch stand für sie zum dritten Mal hintereinander eine sich anbahnende Lebensbindung finan-

Artur Gundaccar Freiherr von Suttner. Undatiertes Porträt aus späteren Lebensjahren

ziell auf bedenklich unsicherem Grund. Einziger Unterschied: Bei den beiden vorigen Verlöbnissen hatte man sie wissentlich hinters Licht geführt.

Artur Gundaccar, dreiundzwanzig Jahre alt, ohne Neigung die Rechte studierend, *war der Liebling seiner Schwestern. Der Liebling aller übrigens. Ich habe keinen Menschen gekannt, keinen, der nicht von Artur Gundaccar von Suttner entzückt gewesen wäre. [...] Im Zimmer ward es gleich noch einmal so hell und warm, wenn er eintrat.* Artur, einer von den *Sonnenscheinmenschen*, bestätigte auf seine Weise einen Kernsatz in Balzacs Roman «Die Frau von dreißig Jahren»: «Eine Frau von dreißig Jahren hat für einen jungen Menschen unwiderstehliche Reize.» Bertha blieb nicht unbeeindruckt vom Widerspiel ihrer Ausstrahlung in den Blicken des jungen Mannes und gab um so lieber ihren gleichartigen eigenen Gefühlen nach; kurzum: *wir hatten einander lieb*. Die Schwestern merkten es zuerst, hüteten aber das Geheimnis, weil sie wußten, ihre geschätzte Gesellschafterin wäre ihnen augenblicklich abhanden gekommen: *von einer Heirat konnte ja nicht die Rede sein*. Die Eltern *hätten also der Sache nur schleunigst ein*

Ende gemacht. Einer vermögenslosen Schwiegertochter hätte der Hausherr um so weniger zugestimmt, als seinem Wohlstand inzwischen mehr Schein als Sein eignete. Auch schien der Altersabstand unüberbrückbar zu sein.

Als die heimliche Liebe schließlich offenbar wurde, nahezu drei Jahre nach Berthas Eintritt ins Haus Suttner, gab die Freifrau ihrer Angestellten die Entdeckung *mit eisiger Kälte, aber mit aller Zartheit* zu verstehen, so schwer es auch fällt, sich diese Klimagegensätze vereinigt vorzustellen. Nicht länger war nun möglich, *den Gedanken an ein bevorstehendes Auseinandergehen zu bannen*; die Konsequenz war klar. Dafür hatte Bertha, knapp 33 Jahre alt, einen Plan bereit, doch ließ er sich noch nicht verwirklichen. Zum besseren Verständnis ein Blick zurück ins *High Life* der sechziger Jahre.

Während eines Sommeraufenthaltes in Bad Homburg, 1864, hatte die kaukasische Fürstin von Mingrelien sich den Damen Kinsky bekannt gemacht. Zwischen der Dedopali – so ihr Titel als Landesmutter – und Bertha war eine Beziehung entstanden, die weit hinausging über den konventionellen Visitenaustausch des Kurbetriebs: tiefes Wohlwollen auf der einen Seite, schwärmerische Verehrung auf der anderen. Die achtundvierzigjährige verwitwete Fürstin, Ekaterina Dadiani mit Namen, genoß in Petersburg den Rang einer auswärtigen Souveränin, obwohl ihr Fürstentum inzwischen dem Zarenreich einverleibt war. Mingrelien umfaßte den westlichen, ans Schwarze Meer grenzenden Teil des heutigen Georgien.

«Sie sind schon einundzwanzig Jahre alt und so hübsch – Sie müssen bald eine glänzende Partie machen [...] und werden mich einmal mit Ihrem Mann im Kaukasus besuchen, nicht wahr?» [55] Die glänzende Partie blieb aus; nur traurige Aktschlüsse erträumter Partien hatten stattgefunden, so auch die Verlobungsfeier ohne Verlobten beim Schwiegersohn der Dedopali, Achille Murat. Indes, die Einladung der mütterlichen Freundin bestand fort. Nur gerade zur Zeit sperrten sich die dortigen Verhältnisse dagegen. Das alte Schloß in der Residenz war bei kriegerischen Einfällen aus der Türkei vernichtet worden, der Bau des neuen schleppte sich hin. Erst nach Fertigstellung wollte die Fürstin, die von Berthas jetziger Tätigkeit wußte, sie zu sich nehmen.

In dieser Lage, zwischen Kündigung und neuem Unterkommen, mußte eine Zwischenlösung gefunden werden. Wie gerufen enthielt die Tageszeitung ein Stellenangebot: «*Ein sehr reicher, hochgebildeter älterer Herr, der in Paris lebt, sucht eine sprachenkundige Dame, gleichfalls gesetzten Alters, als Sekretärin und zur Oberaufsicht des Haushalts.*»[56] Da «sprachenkundig» zutraf und «gesetzten Alters» immerhin so ausgelegt werden konnte, bewarb sich diese Leserin der Annonce. Arturs Eltern waren so entgegenkommend, nicht auf sofortigen Weggang zu drängen, sondern die Antwort abzuwarten. Ungewöhnlich für die Gepflogenheiten des kaiserlichen Österreich war der Akt von Emanzipationsstreben allemal. Innerhalb der Monarchie hätte sich eine Dame in Berthas Lage nicht auf ein derartiges Gesuch einlassen können. Nach den Moralvorstellungen der Zeit lebte eine Frau nicht allein, schon gar nicht im Hause eines älteren Junggesellen, als welcher der Herr in Paris sich im Anzeigenteil zu erkennen gab; sie mußte vielmehr «in der ‹Obhut› einer Mutter, Tante oder sonstigen Verwandten bleiben, um nicht ihren Ruf zu verlieren»[57]. *[...] die Selbständigkeit der Frau liegt für unsere Kreise noch in weiter Ferne. Leider!*[58] äußert der modern denkende, sogar reichsdeutsche Fürst Emil im Gesellschaftsroman *High Life*. Die Franzosen, nicht erst der Dritten Republik seit 1870, dachten in dem Punkt unbefangener, und somit stand dem sich hier eröffnenden Dienstverhältnis im Grundsatz nichts im Wege.

Die Antwort kam, unterzeichnet von Alfred Nobel. Die Familie stellte Erkundigungen an *und erfuhr, daß der Genannte der allgemein geachtete und berühmte Erfinder des Dynamits war*[59]. Ihr selber, Bertha, sagte der Name damals noch nichts. Der «ältere Herr» war erst 42 Jahre alt. Das umwälzende Forschungsergebnis des schwedischen Chemikers lag ein knappes Jahrzehnt zurück. In rascher Folge waren Sprengstoffabriken in etlichen Ländern entstanden, so auch 1868 in Österreich. Mehrere Briefe gingen hin und her; alsdann wurde vereinbart, daß die Bewerberin um den Posten im Hause Nobel nach Paris übersiedeln sollte. Der Abschied war, den Memoiren zufolge, herzzerreißend. Arturs geliebte Freundin stand zum vierten Mal vor den Trümmern einer Beziehung, der bisher vertrautesten, und mußte sich zwingend eingestehen, daß sie eben zu denen gehöre, denen Liebesglück nicht beschieden sei. Wie sollte sie auch anders urteilen können? An der Schwelle zum 34. Lebensjahr hatte sie sich lösen müssen von einem umschwärmten, chancenreichen Sechsundzwanzigjährigen, der andererseits aber keinen Beruf ausübte, um außerhalb der elterlichen Besitztümer leben und eine Frau ernähren zu können.

Diese Empfindungen der frühen Maitage 1876 wurden für Augenblicke überdeckt von der gewinnbringenden Begegnung mit Alfred Nobel. Seine Erfindung hatte ihn reich gemacht, nicht glücklich. Von sich selbst hielt er wenig, argwöhnte hinter der Aufgeschlossenheit anderer nur die Anziehungskraft seiner Millionen, nicht seiner Person. Dabei wußte er *so fesselnd zu plaudern, zu erzählen, zu philosophieren, daß seine Unterhaltung den Geist ganz gefangennahm*[60]. Vielseitig gebildet, bewegte er sich zudem sicher in vier Fremdsprachen: Russisch, Englisch, Französisch, Deutsch. Aber all seine kosmopolitischen Befähigungen wirkten wie eingezäunt. Abgekapselt, gesellschaftsfern, schüchtern, menschenscheu bis zur Menschenfeindlichkeit – so lebte er allein seinen chemischen Experimenten und schöngeistigen Interessen, auch schriftstellernd, ohne Drang zu publizieren. Seit sieben Jahren wohnte er vorwiegend in Paris.

Die depressive Düsternis, die von seinem bärtigen Gesicht aus-

Alfred Nobel

ging, rührte am wenigsten aus der Furcht vor den kriegstechnischen Folgen seiner Erfindung. Im Gegenteil hoffte Nobel, *einen Stoff oder eine Maschine schaffen zu können, von so fürchterlicher, massenhaft verheerender Wirkung, daß dadurch Kriege überhaupt unmöglich würden*[61]. Die ferne Zukunft brachte eine solche Waffe hervor, allerdings gefolgt von der ernüchternden Einsicht, daß sie den Kriegen kein Ende bereitete. Diese werden in alter Weise ausgetragen, nur mit «verbesserten» Tötungsinstrumenten. Der Gedanke Nobels, immerhin, muß seine angeworbene Gehilfin beeindruckt haben, denn er wird lange vor der Wiedergabe des Zitats in den Lebenserinnerungen von 1909 bereits in einer ihrer ersten Schriften, 1883, mit ähnlichen Worten vorgetragen: *So steht auch zu hoffen, daß einst die Erfindung von immer gewaltigeren Zerstörungsmaschinen, welche imstande wären, ganze Armeen auf einmal zu vernichten, [...] das Kriegführen überhaupt zur Unmöglichkeit machen werde.*[62] Zehn Jahre später findet sich eine weitere Variante dieser für die Friedensstreiterin offenbar bestechenden List der Vernunft: *Warte nur*, weissagt da ein in die Vereinigten Staaten ausgewanderter österreichischer Selfmademan, *bis wir Amerikaner einmal ein Geschütz erfinden, das eine Festung samt ihrer Besatzung mittels einer einzigen elektrischen Funkenentladung auf zehn Meilen Distanz in die Luft sprengt; dann wird's ein Ende haben mit dem Kriegführen ...*[63]

Die pazifistische Wirkung Alfred Nobels auf die junge Frau, die ihre eigentliche Aufgabe noch nicht entdeckt hatte, ist sicher nicht gering einzuschätzen. Hier wurden Vorstellungen, Visionen eingepflanzt, die erst ihre Zeit abzuwarten hatten – um dann umgekehrt auf den Urheber folgenreichen Einfluß zu üben.

Zunächst blieb es bei einer für beide Seiten unerwartet kurzen geistigen Fühlungnahme. Briefe der Suttner-Schwestern vermeldeten, Artur *sei wie in Trübsinn verfallen*[64] und spreche kein Wort. Dann folgten fünf Worte in einem Telegramm: «Kann ohne dich nicht leben.» Die Empfängerin besann sich eine Nacht lang, weniger über das Ob als über das Wie. Nobel, gerade in Stockholm beschäftigt, erhielt einen Brief, der für alles erwiesene Vertrauen dankte und die Kündigung aussprach. Der Grund brauchte nicht mehr mitgeteilt zu werden, denn den verborgenen Kummer hatte er bereits vorher herausgespürt und die ganze Geschichte daraufhin erfahren.

Der Rest ist schnell erzählt. Bertha verkaufte ein Diamantkreuz, um Geld zu haben, reiste nach Wien, verständigte verschlüsselt Artur von Suttner – und beide schwammen in Seligkeit. Trennen lassen wollten sie sich nicht mehr, *um elender weltlicher Klugheitsrücksichten willen*, vielmehr nach diesem Umweg zum Glück schnellstmöglich heiraten und in den Kaukasus reisen, auch wenn das Schloß nicht fertig war. Die Dedopali werde angesichts der Zwangslage schon Verständnis haben. Die Verlobte *versteckte* sich *auf einige Wochen* bei einer Familie, während des Aufgebots in einer entlegenen Vorstadtkirche, wovon die Eltern Suttner nichts erfuhren. *Am 12. Juni 1876 [...] sprach uns ein uralter Priester zusammen. Wir waren Mann und Frau.*

Kaukasische Jahre

Argonautenfahrt. Mit *Abenteuerlust* und *Erobererzuversicht*[65] dampften die Hochzeitsreisenden übers Schwarze Meer. Anscheinend verfielen auch friedfertige Zuwanderer auf dem Wege zum antiken Kolchis vorgeprägten Denkmustern: seit einst in vortrojanischer Zeit eine Griechenschar mit Jason an der Spitze dorthin gerudert war, um das Goldene Vlies zu holen. Andere als kriegerische Annäherung hat die strategisch empfindliche Völkerbrücke kaum erlebt. Selbst die Deutschen fielen zweimal im Abstand eines Vierteljahrhunderts bewaffnet ein, 1918 und 1942. Ernst Jünger, der während der zweiten Besetzung der Region als Gast der Armeeführung dort erschien, notierte – als wäre er auf einer Forschungsreise – Eindrücke mit der ihm eigenen Blicksynthese von Natur, Geschichte und Kosmos. «Es war dort heimatlich; ich hatte das Gefühl, daß ich schon oft auf solchen Eichenhängen war. Der Kaukasus ist nicht nur ein alter Hort der Völker, Sprachen, Rassen; es ruhen in ihm wie in einem Schreine auch Tiere, Pflanzen, Landschaftsbilder weiter Gebiete von Europa und Asien. In den Gebirgen wachen Erinnerungen auf; der Sinn der Erde erscheint näher, so wie die Erze und edlen Gesteine freier zutage liegen und das Wasser hier seinen Ursprung nimmt.»[66]

Auch das Paar Suttner reiste einem Mächtekonflikt entgegen, der den Kaukasus mitbedrohte, ohne daß sich die Anzeichen schon bemerkbar machten. Beiden wurde herzliches Willkommen zuteil in ihrer Zufluchtsstätte, die für neun Lebensjahre

Wahlheimat werden sollte. Die orientalische Randzone, noch wenig russifiziert, prahlte mit alter Kultur und herrlicher Folklore und war zugleich in der führenden kosmopolitischen Schicht stark von westeuropäischer Zivilisation und Lebensart durchdrungen. Über die landesübliche Gastfreundschaft hinaus genossen die österreichischen Zuwanderer besonderen Respekt als Freunde der Fürstin, ein Achtungserweis, der allenthalben auch erhalten blieb, als das Dolcefarniente der Staatsgäste allmählich in den sehr viel nüchterneren Zustand eigenverantwortlicher Daseinsweise überging; denn die hoffnungsvollen Aussichten auf einen gehobenen Gouvernementsposten des jungen Herrn Suttner in zaristischen Diensten zerschlugen sich eine nach der anderen.

Schließlich blieb beiden nur übrig, sich an wechselnden Orten (Kutais, Tiflis, Gordi, Zugdidi) mit Lohntätigkeiten durchzuschlagen; sei es, daß mitgebrachte Kenntnisse und Befähigungen umgesetzt oder neue entwickelt wurden. Adelsfamilien ließen

Die «Dedopali», Fürstin Ekaterina Dadiani von Mingrelien. Porträt von Franz Xaver Winterhalter

Karikatur aus Artur von Suttners kaukasischem Skizzenbuch: seine kurzsichtige Frau Bertha («Boulotte») beim Versuch, einen Opernzettel zu entziffern

ihren Töchtern Gesang- und Klavierunterricht erteilen. *Der Meine* – Arturs Benennung in den *Memoiren – gab ein paar deutsche Lektionen.*[67] Später verschaffte ihm ein französischer Tapetenfabrikant und Bauunternehmer in Tiflis zeitweilig ein Einkommen: Suttner führte ihm die Rechnungen und entwarf Tapetenmuster, weil er zeichnerisch begabt war. Vom Design war es ein kleiner Schritt zur Außenarchitektur. Prinz Murat, der in der Heimat seiner georgischen Gemahlin einen zweiten Wohnsitz errichtete, übertrug dem Freiherrn die Oberaufsicht an seinen Bauten in Zugdidi, nachdem er zuvor mit ihm zusammen die Pläne gefertigt hatte, und zog ihn zu praktischer Mithilfe heran: von Gartenanlagen und Dränagen bis zu Stallverschlüssen, die gegen Pferdediebstahl sichern sollten.

Von den beiderseitigen Angehörigen der Emigranten war keine Unterstützung zu erhoffen; womit auch gar nicht gerechnet wurde. Die Eltern Suttner hatten den heimlichen Schritt ihres Sohnes, den *leichtsinnigen Streich*, so verübelt, daß es zu langdauerndem Bruch kam. Davon abgesehen: *Wir hatten trotzig verkündet, daß wir uns selber durchschlagen würden, und das mußten wir nun auch tun.*[68]

Was Berthas Mutter in diesem Zusammenhang betrifft, so hätte eher sie am liebsten Hilfe angenommen. Sie lebte eingeschränkt von der Witwen-Apanage des Hauses Kinsky, doch nicht bescheiden genug, um damit auszukommen. Nach ihrem Tode 1884 stellte sich heraus, daß sie Schulden hinterlassen hatte. Tochter und Schwiegersohn mußten dafür einstehen, obwohl sie selbst nie aus angespannten Verhältnissen herauskamen. Noch 1895 hatten sie sich mit Mahnungen zu plagen und 2400 Gulden an Gläubiger zurückzuzahlen.[69]

Als 1877 der Russisch-Türkische Krieg ausbrach, *dachte niemand mehr daran, Lektionen zu nehmen, und wir waren furchtbar knapp dran. Wir haben damals sogar an einigen Tagen das Gespenst «Hunger» kennengelernt.*[70] Dem Krieg vorausgegangen waren Aufstände mehrerer Balkanvölker gegen die türkische Herrschaft. Panslawistische Gesinnungen in Rußland, in erster Linie zugunsten der unterdrückten Bulgaren, mischten sich mit dem Begehren in Petersburg, Zugang zu den türkischen Meerengen und damit zum Mittelmeer zu gewinnen. Davon wurde die russische Balkanpolitik auch weiterhin maßgeblich bestimmt, und daraus rührten die Dauerspannungen zu Österreich, die zu den Wegbereitern des Ersten Weltkrieges gehörten. Die jetzigen Kämpfe spielten sich vornehmlich auf dem, von Georgien aus gesehen, westlichen Kriegsschauplatz ab, doch wurde auch der südkaukasische Raum hineingezogen. Dort gelangen Rußland Eroberungen.

Ich erinnere mich nicht, daß wir Angst hatten. Auch ein Protestgefühl gegen den Krieg allgemein empfand ich ebenso wenig wie in den Jahren 1866 und 1870. Schon an früheren Haltepunkten der Reflexion hatten die *Memoiren* die damalige Gesinnung der Autorin ähnlich wiedergegeben: *[...] daß Kriege Dinge sind, die sich ebenso notwendig und regelmäßig und außer aller menschlichen Einflußsphäre abspielen wie Vorgänge im Erdinnern und am Firmament; man hat sich also darüber nicht zu ereifern. [...] Der Begriff*

«Schlachtensieger», «Ländereroberer» war mir noch von meinem Geschichtsunterricht her der Inbegriff aller Größe, alles Ruhmes.[71]

Unter einem Gesichtspunkt wurde der Krieg aber inzwischen von der Allgemeinheit und so auch von dieser Mitlebenden anders betrachtet: daß das anonyme Kollektivgeschehen aus lauter Einzelschicksalen besteht. Eine jahrtausendealte Tatsache erschien mit einem Mal anders beleuchtet, nachdem einzelne wache Gewissen die Verwundeten, Kranken und die zivilen Opfer zwischen den Fronten stärker als bisher der Aufmerksamkeit und Fürsorge für wert erachtet hatten: die englische Krankenpflegerin Florence Nightingale im Krimkrieg der fünfziger Jahre, der Genfer Henri Dunant durch seine Beobachtungen auf dem Schlachtfeld von Solferino. Dunant hatte dadurch den Anstoß gegeben zur Gründung des Roten Kreuzes und zur Genfer Konvention.

So also, achtzehn Jahre nach Solferino, spricht das veränderte Bewußtsein schon wie selbstverständlich aus dem *Memoiren*-Satz über den Russisch-Türkischen Krieg: *Natürlich waren alle Zurückgebliebenen ringsum vom Roten-Kreuz-Fieber ergriffen: Verbandszeug fabrizieren, Tee- und Tabak-Vorräte expedieren, durchfahrende Regimenter mit Speise und Trank laben, Gelder sammeln, Wohltätigkeitsveranstaltungen planen und ausführen – alles zum Besten der armen Krieger.*[72] Die Eheleute Suttner wollten auch Verwundete pflegen. Da man aber nicht bereit war, sie gemeinsam am selben Ort einzusetzen, zogen sie ihren Antrag zurück.

Ob Krieg oder Frieden, ihre kaukasischen Jahre bestätigen, materiell gesehen, nicht ganz den orientalischen Märchenzauber, den einst die zur Kur weilende Dedopali und ihr ganzes Ambiente ausgeströmt hatten. Die Fürstin konnte nichts für diese Ernüchterung. Sie hatte Bertha eingeladen und sich als fürsorgliche Gastgeberin erwiesen, aber nie versprochen und versprechen können, für den Unterhalt zweier Flüchtlinge, als die man sie ansehen durfte, unabsehbar lange aufzukommen. Das nicht gerade haushälterische Naturell beider, auf Berthas Seite vielleicht mütterliches Erbe, die Gebe- und Schenkfreude, Hilfsbereitschaft, *eine gewisse Eleganz in Kleidung* – alles zusammen trug dazu bei, daß selbst in besseren Tagen nicht für die schlechteren vorgesorgt wurde: *eine Tugend, die uns mangelt, [...] daß wir nie etwas zurücklegen*[73].

Die *Memoiren* und andere Schriften, wo sie auf den Kaukasus Bezug nehmen, sind weit entfernt, die Dinge schönzureden. Aber

Russisch-Türkischer Krieg 1877/78. Gemälde von Wassilij Wereschtschagin. Moskau, Tretjakow-Galerie

eins tun sie mit Nachdruck: Sie betonen die uneingeschränkte eheliche Harmonie in allen Lebenslagen, gerade in den sorgenvollen. *Das seltenste aller Erdenlose ward uns zuteil: volles, festverankertes Glück.*[74]

Nun wird dies aus mindestens vierteljahrhundertlangem Abstand gesagt. Direkte Zeitzeugnisse wie Briefe hat nicht einmal die Biographin Brigitte Hamann aufgefunden, obwohl sie den Lebensspuren Bertha von Suttners bis in den Kaukasus gefolgt ist und selbst in entlegenen europäischen Archiven Quellengut ausgegraben hat. Sie unterläßt nicht den zumindest theoretischen Einwand, «daß Bertha Negatives in dieser Hinsicht nie und nimmer offenbart hätte. Zu hart hatte sie um diese Ehe kämpfen müssen.» Folglich: «Wir kennen das kauskasische Eheidyll nur aus ihren Schilderungen und müssen ihr glauben ...»[75]

Das freilich fällt nicht schwer. Man kann aus Bertha von Suttners sprudelnder belletristischer Beredsamkeit viele bestätigende

Belege gewinnen. Am ehesten gelingt dies in der *Monographie*, genannt *Es Löwos*, zunächst 1885 in der Münchner Zeitschrift «Die Gesellschaft» erschienen, also im Jahr der Rückkehr und somit noch sehr dicht an der Argonautenzeit. Es ist eine georgische Eheskizze in zum Teil drolliger Intimsprache, die gewiß nicht öffentlich preisgegeben worden wäre, wenn die sprachlichen Liebesspiele und die Bekenntnisse vollkommenen Einvernehmens nur bedingt auf Wahrheit beruht hätten. *Es Löwos*: kein mingrelisches Sprach-Mitbringsel, sondern eine verbale Löwen-Variante, aufgrund von Berthas Löwenmähne oder Berthas Löwenmut. Die erzählerische Blickperspektive wird vom Ehemann aus gewählt; vielleicht ein dramaturgisches Mittel, um auszugleichen, daß die Partnerin, also die Autorin, wegen ihres Altersvorsprungs, ihrer größeren geistigen Reife und fortgeschritteneren Bildung ein natürliches Übergewicht besaß. Doch scheint sie die so gegebene Dominanz nicht ausgespielt zu haben, weil nur die Balance der Kräfte jene Gleichgestimmtheit verbürgt, von der hier stets die Rede ist.

Bei fast allen Paaren bemerkten wir auch, daß immer der eine Teil den anderen tyrannisierte; entweder war es der Wille des Mannes oder der der Frau, welcher vorherrschte; entweder war er es oder war es sie, die immer recht haben mußte. Bei uns fügte sich eines dem Willen des anderen. […] da wir in unseren Meinungen uns immer begegneten.[76] An anderer Stelle wird das Grundthema Herzenseintracht so variiert: … *aber je schlechter es uns ging, desto näher schmiegten wir uns aneinander, eines das andere tröstend, aufrichtend, erheiternd* … Diesen Härtetest starker Bindung erwähnt ähnlich der *Schriftsteller-Roman* von 1888: … *zusammen allerlei Entbehrungen zu tragen – ein Ding, das zwei Liebende einander näher bringt* …[77] Unter diesen Lebensumständen nicht noch *für eine Schar hungernder Kleinen sorgen zu müssen* wird als Vorteil verbucht. *Wir blieben kinderlos und waren recht froh darüber.*[78]

Am glücklichsten aber waren sie, daß zur *Freude des traulichen*

Bertha von Suttner in kaukasischer Umgebung, mit Waffen und Teppichen an der Wand. Ihr späterer Kommentar dazu: «So sehe ich nicht aus. Auch meine Lieblingsembleme sind nicht da; liebe weder Pistolen noch Zylinder.»

Beisammenseins […] die Freude der gemeinsamen *geistigen Arbeit* kam[79]. Im gleichen Sinne läßt die Autorin in einem ihrer ersten Bücher den männlichen Teil den Wunsch äußern: … *die Gefährtin meines Lebensweges müßte […] alle meine Geistesreisen mitmachen können*[80], wobei *die Ebenbürtigkeit des Geistes, das heißt, die gleiche Bildungsstufe*[81], vorausgesetzt wird. Die war anfänglich, wie gesagt, nicht gegeben, konnte es bei Berthas geistiger Frühentwicklung und fortdauernder Anreicherung des Wissensstoffes nicht sein. Doch wurde nach- und aufgeholt. Viele in Koffern mitgebrachte Werke *mußte […] auch der Meine kennenlernen*[82]. Er tat es nicht unter Zwang, sondern aufgeschlossen und gern – und trat dabei aus der Rolle des nur Empfangenden heraus. Den ausgedehnten naturwissenschaftlichen Horizont seiner Frau erweiterte er um denjenigen der Natur. *Er hat mich gelehrt, die Natur zu genießen, ich habe ihm dazu verholfen, sie zu verstehen.*[83]

In der gemeinschaftlichen geistigen Arbeit blieb es nicht beim Wissenaufnehmen, Genuß und Entdecken. Die Lesenden begannen zu schreiben, setzten Lektüre, Erfahrungen, Erlebnis in Feuilletons und Bücher um. Zwei österreichische Abenteurer am Rande Asiens begründeten eine Doppelexistenz als Schriftsteller. Doch nur e i n e wirkliche Laufbahn wurde daraus.

Der Durchbruch

Ist der Krieg auch gewiß nicht der Vater aller Dinge, wie Heraklit behauptet hat, sondern höchstens vieler Dinge, so war er jedenfalls Urheber des nun beginnenden Lebenskapitels Schriftstellerei. *Mein Mann sandte Korrespondenzen über die Kriegsereignisse, deren Echo zu uns drang, an die «Neue Freie Presse» in Wien. Diese druckte sie eine Zeitlang dankbar ab; in der Folge aber fand sie dieselben zu russenfreundlich – die «Neue Freie Presse» nahm für die Türken Partei – und lehnte sie ab.*[84] Artur von Suttner hatte jedoch zuviel Gefallen am Schreiben gefunden, als daß er sich von diesem Einbruch entmutigt fühlte. *Er verfaßte* statt dessen *schildernde Artikel über Land und Leute im Kaukasus und sandte sie an verschiedene deutsche Wochenblätter ein. Die Beiträge wurden gern angenommen und honoriert.*[85]

Ein Talent wird entdeckt

Bertha schaute interessiert und angerührt auf die Beschäftigung, die ihrem Mann nicht nur Freude bereitete, sondern auch Gewinn eintrug. Längst vom Zeitverlauf zugeschüttetes eigenes Schreiberleben stieg aus der Erinnerung herauf: als sie sechzehnjährig sich an einer Novelle versucht hatte; die war sogar gedruckt worden. Indes: *Den Beruf* des Schreibens *hatte ich ja nie in mir gefühlt.* Doch das Ureigene, Zugehörige drängt irgendwann doch hervor, mochte es sich auch noch so lange verborgen haben. Bertha, 35 Jahre alt, verfaßte ein Feuilleton, zeichnete mit *B. Oulot* und schickte es an die «Presse» in Wien. Die Zeitung nahm das Manuskript an und honorierte es postwendend mit zwanzig Gulden. Jeder Schreibende kennt den Stolz, sich zum ersten Mal gedruckt zu sehen. Für Bertha von Suttner lag dieses erhebende Gefühl weit zurück, wurde nur erneuert; trotzdem schmeichelte ihr der Gedanke, *daß gegenwärtig Mitteleuropa von der Frage bewegt sein müßte: Wer kann nur dieser B. Oulot sein?* [86]

Das war zwar nicht die erregendste Diskussion im deutschsprachigen Raum, doch beschäftigte der Gegenstand einen Redakteur mit wirklicher Neugier. Acht Jahre später gab er amüsiert Auskunft über seine Empfindungen vom Jahre 1878, als auch bei ihm, in der Redaktion der Wiener «Neuen Illustrierten», ein Manuskript aus dem Kaukasus eingetroffen war:

«Diese Flut von meist recht talentlosen Manuskripten, die alle gelesen sein wollten! Zwischendurch wie in einem langweiligen Kuchen spärliche Rosinen, die seltenen Gaben des Talents. Einmal gab es einen besonderen redaktionellen Festtag; ich hatte eine große Rosine gefunden, eine Arbeit von merkwürdiger Tiefe und Feinheit und ganz unvergleichlicher Anmut der Darstellung. Das war eine Freude, ein förmlicher Rausch – ein neues Talent; das ist doch nichts Geringes? Vor allen Dingen – wie heißt der Mann? B. Oulot – merkwürdiger Name, aber die Welt wird sich bald an ihn gewöhnen [...] Eine russische Briefmarke; der Brief ist aus Zugdidi, Gouvernement Kutais, datiert ... Ich veranlasse sofort schleunige Honorarsendung, um den neuen Mitarbeiter in guter Stimmung zu erhalten, und schreibe unter rückhaltloser Anerkennung der ersten Arbeit eine dringende Bitte um weitere Beiträge. Diese kamen denn auch, und meine Freude und mein Staunen wuchsen nur noch. Die erste Arbeit war also für den Verfasser nicht bloß ein glücklicher Wurf gewesen; da stand eine Persönlichkeit dahinter, ein Vollmensch, der eine ganze Menge zu sagen hatte. Neues und Schönes.» [87]

Ein wenig zu enthusiastisch für heutige Begriffe klingen die Sätze von Balduin Groller – so hieß der Redakteur. Aber auch mit zeitgemäßer Nüchternheit, ein reichliches Jahrhundert nach Grollers schwelgerischer Erinnerung an die journalistisch-literarische Erstbegegnung mit dem unbekannten Talent, braucht der Leser dessen Grundansicht nicht zu entkräften. Eine Wortquelle von Vitalität fließt leicht und mühelos, wobei Weltanschauliches, Zeitkritik, politisch-gesellschaftliche Inhalte ebenso gefällig lesbar ausgebreitet werden wie die romanhafte und feuilletonistische Kurzweil. Auf beiden Gebieten hat Bertha von Suttner sehr viel geschrieben, stets mit unermüdeter und unermüdender

Prosa, reichhaltigem Wortschatz, dessen Kombinationen oft schon mehr das 20. Jahrhundert vorausnehmen als das eigene 19. spiegeln. Natürlich sind viele Gefühlswendungen darin, die auch eine so stilbewußte Autorin als Kind ihrer Literaturepoche erweisen. Aufs Ganze gesehen ist bei heutiger Beschäftigung mit diesem Schriftwerk ein überraschend hoher Bestandteil noch leichter zugänglich als so vieler anderer Lesestoff von einstigem Rang und lexikalischem Ansehen, das, einmal tradiert, festgeschrieben ist. Weniger bei der Form und Darbietung der Suttnerschen Bücher, eher bei der Themenwahl und der Analyse des Stoffes wird man sich einer Entfernung bewußt, einer Grenzüberquerung zum anderen Zeitalter hin. Das gilt ungeachtet der Tatsache, daß die Schriftstellerin in ihrem Zeitraum, vom mittleren Lebensalter an, herausfordernd, zukunftsgerichtet, fortschrittsoptimistisch auftrat, also als eine Debattenanführerin in der gesellschaftlichen Vorhut durchs letzte Jahrhundertviertel zog.

In dem Zusammenhang ist noch etwas zu der Hauptenergiequelle zu bemerken, aus der das ganze Gedankenwerk gespeist wurde. Es war das von Charles Darwin entlehnte, auf die Gesellschaft übertragene Gesetz der Evolution: mit der *Folgerung, daß auch die Entwicklung der menschlichen Gesellschaft sich nach den gleichen Gesetzen vollzieht und auch ihr eine unabsehbare Zukunftsgestaltung verbürgt ist*[88]. Im allgemeinen wurde Darwin bald nach seinem Aufkommen von der Vulgärphilosophie entstellt. Schreibtischimperatoren lehrten das völkische Durchsetzungsrecht des Stärkeren. Dabei hatte der englische Naturforscher mit den Begriffen «Kampf ums Dasein» und «Überleben der Tauglichsten» gar nicht die Übermacht der größeren Tatzen und Gebisse im Sinn gehabt, sondern das Vermögen der jeweils bestmöglichen Anpassung an die Umwelt und Unwirtlichkeiten. Bei Darwin kämpft nicht Stark gegen Schwach, sondern beide kämpfen gegen die Natur. Das ist etwas völlig anderes. Aber auch Denker wie Herbert Spencer, Henry Thomas Buckle, Ernst Haeckel, die weit entfernt waren, ihn in der beschriebenen Weise fehlzudeuten, und aus seinen Erkenntnissen nicht Instrumente der Machtphilosophie schmiedeten, sondern solche der weit sympathischeren Fortschrittszuversicht – auch sie unterlagen der Gefahr, Tatsachen zu mißachten.

Die Entwicklung der Arten, der langzeitliche Anstieg zu höheren Verkörperungen, insbesondere der Evolutionsstrang, der zum Homo sapiens geführt hat – diese in der Rückschau zielgerichtet erscheinende Fortschrittsidee der Natur läßt sich eben nicht einfach ins Gesellschaftliche umdenken. Wenn schon die Natur zum Modell genommen wird, dann müssen auch all die menschlichen Urinstinkte, die Atavismen, berücksichtigt werden, wie sie in Abständen aus den Tiefenschichten hervorbrechen und die mühselige Sozialisierung zurückwerfen. Diese Einsicht läßt nicht zu, einen erreichten Zivilisationsstand zu immer lichteren Höhen hochzurechnen, wie es die Philosophen im späten 18. Jahrhundert freudig getan haben. Den Irrtum hat schon die Französische Revolution vielen von den Aufklärungstriumphen erfüllten Geistern ernüchternd und brutal vor Augen geführt; das 20. Jahrhundert besorgte es in gesteigertem Maße.

Charles Darwin

Bertha von Suttner – geistig eine Nachgeborene der Aufklärung – trug die rationalistische Vorwärtsidee in ihrem Bildungsgepäck wie so viele ihrer Zeitgenossen und sprach deshalb leidenschaftlich auf entsprechende Denksysteme an. Den drei genannten «Sozialdarwinisten» (im positiven Sinn) war sie dabei im besonderen Maß verpflichtet. *[...] wir schöpften unsere Kenntnisse aus den Werken der neuesten Naturgelehrten, die zugleich Naturphilosophen sind und aus deren Forschungen eine neue strahlende Entdeckung hervorbricht, nämlich die, daß unsere ganze herrliche Welt unter dem Gesetz der Entwicklung steht*[89]. Besonders Ernst Haeckel (1834–1919), der «Paulus des Darwinismus» (Egon Friedell) in Deutschland, hoffte ganz in sozialevolutionärem Geist, «daß der veredelte Mitbewerb um die höheren Kulturgüter den wilden und rohen Rassenkampf oder den blutigen Völkerkrieg verdrängen werde»[90].

Schon eines der frühesten Bücher der Schülerin von Haeckel, Spencer, Buckle ist ganz in deren Geist verfaßt: das *Inventarium einer Seele* von 1883. *Einen festen frohen Fortschrittsglauben* verband die Autorin mit dieser umfassenden Bestandsaufnahme ihres geistigen und weltanschaulichen Eigentums. *Übrigens bin ich von der Notwendigkeit eines steten Besser- und Vollkommenerwerdens alles Bestehenden so fest überzeugt, daß ich auch im Falle eines Aussterbens unserer Gattung annehme, es würde aus der Asche des begrabenen Geschlechtes ein neues, zu noch höherer Entwicklung befähigtes Geschlecht erstehen.*[91] Wenn Philosophie das Bemühen ist, «uns als Denkenden begreiflich zu machen, wie wir in einem innerlichen Verhältnis zum Universum stehen und [...] zu wirken haben»[92], dann entspricht dieser elementaren «sokratischen» Annäherung ganz das Suttnersche Gedankenkreisen: um Natur und Kosmos, Glauben, Pantheismus, Mathematik und Logik, Erbe und Umwelt, um Relationen von Arbeit, Zeit und Geld, um Krieg, Weltfrieden, Abrüstung. Doch die Bloßlegung des Selbst zeigte sich nicht ganz unverhüllt, vielmehr durch einen doppelten Schleier. Nicht nur das Pseudonym schützte ein wenig die Identität der Verfasserin; sie legte zudem noch ihre Ansichten einem erdachten Wortführer in den Mund, der Figur *eines in vollster Abgeschiedenheit lebenden einstigen Weltmannes*[93].

Mochte das Publikum spekulieren; niemand verfiel auf die Handschrift einer Vierzigjährigen, deren echte, nicht nur vorgegebene Abgeschiedenheit sogar außerhalb Europas lag. Ihr Europa war nur in Büchern und anderem Gedruckten um sie: *Das Entzücken, welches ich empfinde, wenn eine Sendung neuer Bücher und Zeitschriften mir in meiner Einsamkeit Kunde von der großen Gedankenwelt draußen bringt [...] – dieses Entzücken gäbe ich nicht her für die Genüsse, die ich einst am Rennplatz gefunden [...]; oder am Baccaratische [...]; oder im duftigen Teppichgemach, wo mir die Kamelienschöne die leichten Siege gewährte.*[94] Im Plauderton falsche Fährten zu legen wie im letzten Halbsatz, dadurch gelang die Täuschung noch besser.

Besonders bemerkenswert an der ersten nicht auf Unterhaltung angelegten Schrift ist die veränderte Einstellung zum Krieg. Im russisch-türkischen Konflikt, fünf, sechs Jahre vor dieser Niederschrift, hatte Bertha von Suttner *ein Protestgefühl gegen den*

Krieg allgemein […] ebenso wenig wie in den Jahren 1866 und 1870 empfunden[95]. Jetzt durchzieht eine konsequent pazifistische Linie ein ganzes ausführliches Kapitel. Das *Rote-Kreuz-Fieber* von 1877/78 hatte offenkundig das Bewußtsein der Beobachterin und Mithelfenden viel nachhaltiger verändert, als damals geahnt. Folgerichtig gedacht, war die Fürsorge für die Verwundeten und Verstümmelten nur Kurieren am Symptom. Ihnen die Leiden von vornherein zu ersparen hieß, die Ursachen zu beseitigen, und das wiederum bedeutete, den Krieg nicht mehr als selbstverständlich anzusehen, nicht mehr als *außer aller menschlichen Einflußnahme* befindlich *wie Vorgänge im Erdinnern und am Firmament*[96]. 1883 steht die Kriegsgegnerin Bertha von Suttner fertig da.

Abrüstung! So beginnt das Kapitel zehn. *Als ich dieses Wort niederschrieb, stiegen mir vielerlei Gedanken auf, die mich oft über die Frage des Weltfriedens beschäftigt haben, die sich mir halb unbewußt zu einer ganzen Überzeugungskette aneinanderreihten und die ich nun als eine meiner liebsten Ideenfolgen einer genauen Durchsicht unterziehen will. Der Begriff «Frieden» ist auch eine meiner Freuden, einer meiner Glaubensartikel.*[97] Geschrieben sechs Jahre vor dem Buch *Die Waffen nieder!*

So zukunftsgewiß im Kriegs- und Friedenskapitel des Buches *Inventarium einer Seele* eine befriedete Welt vorausgesehen wird: Der Weg dahin erscheint der Prophetin bei aller Überzeugtheit von der Evolution des Sittlichen nicht als Geschwindmarsch. Sie, die die Menschendinge in naturwissenschaftlichen Denkmustern betrachtet und von daher viele ihrer oft anschaulichen Bildvergleiche entleiht, überträgt folglich auch das Schrittmaß der Natur auf die Arbeit am Frieden. *Die Langsamkeit des Wachstums und Verfalls ist an so feste Gesetze gebunden, daß alle unsere zeitlichen Beschleunigungseingriffe erfolglos daran scheitern müssen. Unsere Handlungen und Worte haben nur die Kraft von Samenkörnern […] – immer ist es nur die Zeit, welche die Entfaltung der einzelnen Keime bewerkstelligen kann.*[98]

Immerhin drängen sich der Zeitzeugin Eindrücke auf, die sie in der Ansicht bestärken, daß Friede zum Menschheitsbedürfnis werde: abgelesen an den seismographischen Sinnessystemen der Dichter. *[…] denn während sonst die Barden zumeist Schlachtenlieder, geharnischte Sonette und dergleichen sangen, beginnen unsere modernen Poeten Klagerufe über die Jammer des Krieges und begeistertes Lob auf Menschenliebe anzustimmen […]. Es*

«Der Frieden. Eine Idylle».
Lithographie von Honoré Daumier, 1871

wäre eine lohnende, schöne Aufgabe, eine Anthologie zusammenzustellen von all den in unseren Dichterwerken zerstreuten Friedensstrophen. Es gibt so viele gesammelte Schlachtenverse, soviel aufeinander gehäufte Siegesbanner, Ahnenschwerter, Heldentode, Pulverwolken, blutige Morgenröten, gehütete Grenzmarken, Feindesleichen, Trommelwirbel, tapfere, kühne, kampfesfrohe, trutzigbiedere Brüderscharen, treue Schlachtrosse, auf Festungszinnen aufgepflanzte Siegesfahnen, triumphierende Doppelaare und sonstige Requisiten der alten Bataillenkomödie – daß es auch einmal nicht schaden könnte, die Stimmen zu sammeln, welche die hinter jenen Theaterdekorationen versteckten Greuel von Haß und Tod und Pest und Verzweiflung anklagen und die leuchtenden Gebilde des süßen Friedens besingen.

Den Sängern des Krieges entwindet sie das Argument, daß all die edlen Gefühle verkümmern müßten, die in seinem Dienste glänzen: Aufopferung, Begeisterung, Loyalität, Mannesmut; und daß dann keine Lorbeeren und Siegeskronen mehr zu gewinnen seien. *In Technik, Kunst, Wissenschaft, Wohltätigkeit, überall winken dem Ehrgeiz schönere Ziele als auf den Schlachtfeldern […]. Die fördernden Elemente der Zivilisation werden es sein, welchen man fortan die größte Wichtigkeit, mithin den größten Ruhm zuerkennen wird.* Dazu zählt sie Entdeckungen der Wissenschaft, Vereinsbildungen der Philanthropie, Zivilisationsbestrebungen auf fernen Kontinenten. Viel Kampfeslust lasse sich dadurch befriedigen, *ohne sich untereinander auf Kommando zu schlagen.* Ebenso gelte dies für den Kampf gegen Krankheiten, Überschwemmungen, Lawinen, Elend, Wahnsinn, wilde Tiere – und wilde Menschen.

Abschließend: Beim Tour d'horizon der erwachten Pazifistin konnte natürlich auch dieses Ärgernis nicht fehlen: *Wir verstehen die Gebete zweier sich gegenüberliegender Armeen nicht, wo jede vom barmherzigen Himmel die Vernichtung des anderen erfleht.* Damit wies sie auf den wunden Punkt im Eröffnungsritual der christlich gesegneten Waffengänge. Beide Seiten waren Gottes Beistandes gewiß im Vollgefühl der gerechten Sache, obwohl doch einzusehen war, daß Gott unmöglich überall zugleich siegfördernd eingreifen konnte. So hielt er sich denn auch völlig heraus, ganz im Sinne des sarkastischen Ausspruchs Friedrichs des Großen: der Herrgott sei immer bei den stärkeren Bataillonen.

Ein später Brief als Reaktion auf das *Inventarium* sollte nicht unerwähnt bleiben. Als die Verfasserin Jahre danach nicht mehr unter der Tarnkappe B. Oulot verborgen war, schrieb ihr der dänische Schriftsteller Georg Brandes. Vieles an dem Buch sei vorzüglich, stellte er fest, um dann einzuschränken: «Sie sind mir allzu gläubig, Baronin […]. Es ist nicht, daß ich Sie eines Dogmenglaubens beschuldigen wollte. Es liegt tiefer. Was heißt dieser Fortschritt? Evolution, sagen Sie. Sind Sie sicher, daß Herbert Spencer sich nicht irrt, wenn er glaubt, diese Evolution, die Darwin in der animalischen Welt nachzuweisen versuchte, auch in der geistigen Welt nachgewiesen zu haben? Ich meine, daß er irrt.»[99]

Das Gleichnis im Lukas-Evangelium, Kapitel 15, hat zwar anderen Verlauf als die Suttnersche Wirklichkeit, doch ist das Ergebnis übertragbar. «... denn dieser mein Sohn war tot und ist wieder lebendig geworden; er war verloren und ist gefunden worden. Und sie fingen an, fröhlich zu sein.» Artur Gundaccar, der verlorene Sohn – das heißt hier: der verstoßene –, kehrte heim ins Vaterhaus und wurde freudig wiederaufgenommen. Mit ihm Bertha, seine Frau, die Gesellschafterin von ehedem.

Es war keine Heimkehr ins Ungewisse. Die georgischen Exilanten wußten, daß Schloß Harmannsdorf ihrer wartete. *Die Eltern, die erkannten, wie treu und beglückt wir zueinander hielten, wie tapfer wir uns durchgeschlagen, hatten nun ihrem starren Groll entsagt [...]. Wir waren inzwischen zu einer selbständigen Lebensstellung gelangt und konnten daher ohne Demütigung heimkehren.*[100]

Die erst gedankliche und dann tatsächliche Rückwendung war nach dem Tod der Dedopali eingeleitet worden. Einst hatte ihre mütterlich-fürsorgende Existenz der Reise ins Unbekannte die üblichen Sorgen vor der Fremde genommen; jetzt wurde die Fremde zur Sorge: nicht allein wegen zunehmender materieller Bedrängnis trotz der Autorenhonorare, sondern ebenso wegen neuer Spannungen auf dem Balkan, die Österreich und Rußland hineinzogen. Artur und Bertha, des Rückhaltes durch die Landesmutter beraubt, fürchteten, womöglich als feindliche Ausländer angesehen zu werden. Dazu kam noch bei Bertha, heimwehfördernd, der Tod der Mutter Sophie. Im Mai 1885, neun Jahre nach dem fluchtartigen Weggang von Wien, kehrte das Ehepaar übers Schwarze Meer nach Österreich zurück. Bertha vollendete in den Wochen ihr 42. Lebensjahr. Artur war immer noch sieben Jahre jünger, aber nicht mehr nur der Prinzgemahl.

Außer seinen Eltern lebten zwei unverheiratete Schwestern mit im Haus. Die anderen Geschwister kamen mit ihren Familien häufig zu Besuch. Obwohl das Stadtpalais aufgegeben war, wurde so noch immer ein kostenaufwendiger Haushalt geführt. Zu lesen steht, daß *das häusliche und gesellige Leben [...] nichts an Gemütlichkeit und Lebhaftigkeit zu wünschen übrig* ließ[101]. Erst an späterer Stelle der Lebenserinnerungen erfährt man, daß der repräsentative Gutsherrenstil in Harmannsdorf einer Luftnummer

Auf dem Schloß Harmannsdorf. Aquarell von Alois Greil, um 1890

glich. Ein früher erworbener Steinbruch brachte mehr Verluste als Gewinne ein. Geschäftlich riskante Unternehmungen mißglückten, nicht anders als die damaligen Rouletteeinsätze der

Mutter Sophie. Ihre Tochter – ob Kinsky, ob Suttner – schien den Geldmangel als Begleiter nicht loszuwerden, zumal die Mentalität in ihrem ehelichen Zuhause dem mütterlichen ähnelte: *[...] eine Dosis Leichtsinn war dem ganzen Hause Suttner eigen – man schüttelte die Sorge ab und nahm vom Tage, was der Tag Gutes brachte*[102]. Bertha, zu ihrem Glück, besaß ein Naturell, das ihr wenigstens ersparte, unter der unbeschwerten Existenzweise ihrer engsten Umgebung, unter der Leichtlebigkeit angesichts drückender materieller Umstände zu leiden und sich zu grämen.

Die schriftstellerischen Arbeiten lenkten nicht nur von den Unerquicklichkeiten ab, sie trugen auch zum Unterhalt bei, wenngleich geringer als erwünscht. Balduin Groller hatte dem vermeintlichen Herrn Oulot nach dem Erscheinen des *Inventarium* vor zwei Jahren von seinen Erfahrungen im Verlagsgeschäft freimütig Auskunft gegeben, auf eine diesbezogene Frage hin: «Ob man mit dem Bücherschreiben Geld verdienen kann? Nein, rund heraus. Wenigstens Sie nicht und nicht mit solchen Büchern, wie Sie sie meinen und wie Sie sie in die Welt setzen möchten. Es gibt in der deutschen Belletristik keine zehn, die vom Ertrage ihrer Bücher und ausschließlich davon leben können [...]. Sie wissen ja so gut wie ich, daß der größte Mist oft eine Menge Auflagen erlebt. Sie können und werden dahin gelangen, auch mit Büchern zu make money, aber da müssen Sie erst bekannt und berühmt werden – Sie werden es!»[103]

Zutrauen in die Vegetationskraft dieses Talents; Zweifel, daß auf dem Buchstabenacker schnelle Ernten reifen; in diesem Zwar und Aber schätzte der Redakteur die Dinge realistisch ein. Frau Oulot hatte sich die Ferndiagnose zu Herzen genommen. Bis auf weiteres mied sie Bücher, «wie Sie sie in die Welt setzen möchten» (Groller), suchte statt dessen Stoffe, die unterhalten sollten, ohne darin allerdings ihren alleinigen Zweck zu finden. Auch die Unterhaltungsliteratur, wie Bertha von Suttner sie im Sinne trug, sollte mit vordergründiger Leichtfüßigkeit gewichtigeres Ideengepäck transportieren und hineinschmuggeln. Der Autor könne sich nicht damit begnügen, gefallen zu haben wie eine gelungene Theaterdekoration oder ein hübsches Ballkostüm. *[...] er soll nützen, erheben, beglücken – er soll der Wahrheit, der Gerechtigkeit und der Schönheit gedient haben, freudenhemmende Vorurteile wegräumen, Aberglauben und Dunkel zerstören helfen*[104]. Vergleichbar hatte Schiller das Theater als «moralische Anstalt» gesehen, bei allen spannenden und tragischen Verwicklungen (Humor und Sarkasmus waren ihm im Unterschied zu seiner weniger genialen Schriftstellerkollegin nicht gegeben).

Nach den selbstentworfenen Vorgaben verfaßte Bertha von Suttner in den achtziger Jahren nach dem *Inventarium* die Wiener Gesellschaftsskizzen *High Life* und den *Schriftsteller-Roman*. Beide Bücher sind stark autobiographisch eingefärbt. Im Erleben erdachter Figuren spiegelt sich das eigene; im ersten weithin das zurückliegende, im zweiten das jetzige. Besonders *High Life* gründet sich auf Kenntnis und Erfahrungen der langen, nicht durchweg glücklichen Werdezeit. Die kritischen und aggressiven, höhnischen und schneidenden Passagen gewinnt der Roman aus den Gefühlswiderständen, den Ressentiments der Verfasserin. Sie waren schon früher wiedergegeben worden, dort, wo die Comtesse im Jugendalter geschildert wurde, zum Beispiel mit ihren Bemerkungen über die Abneigung des österreichischen Adels gegen alles Moderne.[105]

Aber auch den folgenden Abschnitt kann man in der schonungslosen Analyse ihrer Gesellschaftsschicht aus dem Jahr 1886 lesen: *In der hiesigen Atmosphäre herrscht ein seliges Nichtwissen all der Dinge, die das Jahrhundert bewegen. Die Entwicklung, die die Sozialwissenschaft zu nehmen beginnt, wird als «Sozialismus» in die Verbrechenskategorie gereiht, und man setzt ruhig voraus, daß ein paar Ausnahmegesetze damit fertig werden. Die Bewegung der Wissenschaft, die nach allen Seiten die Darwinsche Methode anzuwenden strebt, wird als lächerliche Gelehrtenschrulle unbeachtet gelassen […]. An der Welt etwas ändern wollen – welch ein Frevel! Eine Welt, die so schön, so ordnungsmäßig, so harmonisch, so traditionsgeheiligt und vorsehungsgeleitet ist!*[106]

Wie ein moderner Prinz Paris versetzt die Autorin sich in eine Schiedsrichterrolle, um über drei Göttinnen – drei Göttinnen «Aristokratie» – zu urteilen, allerdings mit umgekehrter Rangfolge; nicht, wer die schönste sei, sondern die unansehnlichste: *Die englische Aristokratie habe ich stolz gefunden, die französische eitel – aber die österreichische ist hochmütig.*[107] Diejenigen unter der *Société*, die in engen nationalen Grenzen denken, im Dünkel befangen sind, stockkonservativ und begrenzt im Gesichtskreis, sie werden dem Adel Österreichs zugewiesen. Wo hingegen in dem Roman kosmopolitisch gedacht wird, wo Bildungsstreben das Wohlleben hinter sich läßt, vorurteilsfreie

Caféhaus in Wien, um 1875

Blickweise die Standesschranken überwindet, da ist es entweder ein reichsdeutscher Fürst oder ein abtrünniger Sproß der habsburgischen Oberschicht, der als republikanischer Globetrotter aus den Vereinigten Staaten wiederkehrt.

Die unvergessene Demütigung der Achtzehnjährigen beim «Picknick» vor 25 Jahren wird nun heimgezahlt, in einem geschickt inszenierten Gesellschaftsporträt. Inszeniert: Der Ausdruck will unterstreichen, daß die einstige junge Salondame der Wiener Zeit den authentischen Gesprächsstil im Ohr behalten hat und in all ihren erzählenden Büchern Dialoge schreibt, die hinter guter Bühnenliteratur nicht zurückstehen.

In die literarisch eingekleidete Absage an die *Zigeuner des Luxus* österreichischer Prägung mischt sich ein anrührender Zug von Sehnsucht nach gerade dem, wovon die Verfasserin sich auf weiten Strecken überzeugend distanziert. Das Bankett nach dem Kaisermanöver begleitet eine Romanfigur mit den Worten: *Würde ich auch zu solchem Diner geladen, so wäre mir das, ich leugne es nicht, sehr schmeichelhaft, denn ich bin doch mit allerlei Fibern an alte Traditionen geknüpft.*[108] Insgesamt: eine sublime Rache, mit Allzumenschlichem versüßt …

Soweit die in der eleganten Milieustudie als Typus Abgebildeten in ihr Konterfei blickten, mußten sie auf Insiderkenntnis schließen. Natürlich erteilte der «Gotha» keine Auskunft über B. Oulot ... Jedenfalls, diejenigen, die *High Life* lasen, wußten nicht, von wem es stammte, und die es wußten, lasen es nicht. *Literatur*, schreibt die aus Vorderasien Heimgekehrte, sei für die Hausgenossen *ein Feld, das ihnen fremder ist als die Kraterlandschaften des Mondes*. Wohl billigten sie Shakespeare Genie zu, ohne ihn gelesen zu haben, rühmten die deutschen Klassiker, ohne sie zu kennen, doch die eigene Lektüre bestehe allenfalls in Fortsetzungsromanen des Zeitungsfeuilletons, *zur Stillung des allgemeinen Zeittötungstriebes [...]. Daß es aber Menschen gibt, welche Bücher machen, und andere Menschen, welche diese Bücher lesen und in denselben den Ausdruck des Zeitgeistes, den Motor des Fortschritts begrüßen – das sind ihnen spanische Dörfer.*[109]

Die Sätze wirken so selbstbezogen, als wären sie dem Tagebuch oder einem Brief entnommen; doch die hier spricht, ist die Autorin Maria von Saltern im *Schriftsteller-Roman* von 1888. Bertha von Suttners Wohn- und Lebensräume und die ihrer Figuren gehen ineinander über. Die leseuninteressierte Hausgemeinschaft der Maria von Saltern ist keine andere als diejenige auf Schloß Harmannsdorf. In den *Memoiren* stehen die schon zitierten Worte, sie, die Erinnernde, habe immer zwei Leben geführt, das eigene und das ihrer Lektüre.[110] Die Leserschaft dieser Schriftstellerin kann den Satz abwandeln: Sie hat immer zwei Leben geführt, das eigene und das ihrer Gestalten.

Die persönlichen Lebensumstände, gerade die unerfreulicheren, sind überall in den Phantasieprodukten ihrer Feder abzulesen und aufzufinden. Im letzterwähnten Roman läßt sie den Schriftsteller Otto Freiheim unterscheiden zwischen seinen bekennenden Werken und den Schriften, die er *zu Haushaltszwecken zum Meterpreis geliefert* habe. Als ein erdachter Kollege der schreibenden Zunft idealistisch-abwehrend entgegnet, er würde niemals eine Zeile unter seinem Namen veröffentlichen, die nicht innerem Drang entstamme, gibt der andere mit leiser Ironie zurück: *Sehr lobenswert. Sie sind aber wahrscheinlich unverheiratet?*[111]

Der Lebenspraxis dieses Berufes – zumindest der damaligen – war auch eine andere Schreiberfahrung abgeschaut: Der Konfliktausgang eines Romans entscheide darüber, wo das Manu-

Das Eisenwalzwerk. Gemälde von Adolph Menzel, 1872–1875.
Berlin, Nationalgalerie

skript angeboten werde. *[...] würde sein Held siegen oder untergehen*, fragte sich Otto Freiheim, noch unschlüssig, wie er seine neueste Geschichte enden lassen sollte. *Im ersteren Fall* (siegen) *wäre das Manuskript an ein Familienblatt, im letzteren an einen Verleger realistischer Richtung einzusenden* ...[112] Der glücklos-tragische Ausgang einer Liebeswerbung im *Schriftsteller-Roman* machte das Buch im Sinne dieser Zielgruppen nur für *einen Verleger realistischer Richtung* geeignet. Familienblatt-Abonnenten wären mit einem Unhappy-End unzufrieden gewesen.

Nach mehreren gefälligen Produktionen erzählender Art *zu Haushaltszwecken* kehrte die vierundvierzigjährige Schriftstellerin von ihrer kritischen und selbstkritischen Kurzweil zum «Sachbuch» zurück; wählte einen Stoff, in dem sie ihre an die Naturwissenschaften angelehnte Vernunftreligion optimistisch auslebte. So entstand 1888 *Das Maschinenzeitalter*, gedruckt 1889.

Das Buch versetzt die Leser, der Einleitung zufolge, in *eine ziemlich weit hinter uns liegende Epoche*[113], nämlich in die mittleren achtziger Jahre des 19. Jahrhunderts. Aber da wurde es doch erst geschrieben. Ja, das ist der Gedankentrick, mit dessen Hilfe die Kritik an den Gegenwartszuständen wirksamer erscheint. Indem das Buch vorgeblich tief im 20. Jahrhundert angesiedelt ist, wird all das als erfüllte Hoffnung vorausgesetzt, was jetzt noch utopisch erschien. Die unzulängliche Jetztzeit wird gemessen an weit vorangeschrittener Zivilisation.

Das Buch ist als ein Vorlesungszyklus aufgebaut, in einer Anredeform, die sich an eine gedachte Zuhörerschaft wendet, mit Teilabschnitten wie *Die Nationen*, *Der Jugendunterricht*, *Die Staatsformen*, *Die Frauen* oder auch *Soziologie und Politik*, *Die Religionen*. Merkwürdigerweise fehlt ein Kapitel, das den Buchtitel wörtlich nimmt. Nichts Zusammenhängendes verlautet über Produktionsweisen, Fabrikwesen, Arbeiterexistenz oder marxistische Verheißungen. Die proletarische Erscheinungsform des frühen Maschinenzeitalters war der Autorin, bei sonst so weitem Horizont, wohl zu abgelegen und fremd.

Beim Kapitel *Jugendunterricht* etwa, wie er für die Entstehungszeit des Buches vorgestellt wird, schwankt man zwischen Erinnerungen an die «Feuerzangenbowle» oder an Hanno Buddenbrooks Erlebnisse im pädagogischen Mausoleum der Hansestadt Lübeck. *Das Gelehrte stand hinter dem Gewußten um hundert Jahre zurück [...]. Der Geist des Unterrichts war noch gefesselter, noch altertumlicher als dessen Stoff.*[114]

In ihrer Beispielesammlung vertiefte Bertha von Suttner sich besonders genießerisch in die Widersprüche zwischen Naturkunde- und Religionsunterricht. *Während z. B. die Entwicklungslehre, welche allmählich alle Wissenszweige zu durchdringen begann, eine ganz neue Weltanschauung schuf, der sich die bedeutendsten*

Geister enthusiastisch anschlossen, ward diese Idee in den Schulen ganz totgeschwiegen. Dort ging man von dem Grundsatze aus, daß die Welt und Alles, was in ihr enthalten ist, als fertige Schöpfung ins Leben getreten sei […]. Während durch die Naturwissenschaften die Überzeugung von dem Walten unabänderlicher Gesetze gewonnen worden, ward dort, in der Religionslehre, *alle Augenblicke auf das Wunder göttlicher Einmischung gewiesen. Hier die Einsicht, daß die schärfste Prüfung, das tausendfach wiederholte Experiment, die Erwägung aller Irrtumsmöglichkeiten notwendig ist, um zu einer festzustellenden Wahrheit zu gelangen – dort die kritikloseste Annahme jeder von verdächtigen Zeugen erzählten und aus trüber Quelle überkommenen Märe.*[115]

Der Hieb gegen die klerikale pädagogische Vormundschaft besonders in Österreich war natürlich von der stillschweigenden Fiktion begleitet, daß man im mittleren 20. Jahrhundert, dem gedachten Ansiedlungsort des Buches, nur noch mitleidig auf solche geistige Dunkelhaft, auf solchen Obskurantismus zurückblicken werde. Die Optimistin ahnte nicht, daß das Land mit den weitestentwickelten Naturwissenschaften noch heute ausgedehnte Zonen kennt, vornehmlich den ganzen «Bibelgürtel» in den Südstaaten der USA und im Mittelwesten, wo Pädagogen sich glücklich schätzen, wenn ihnen gestattet ist, die Evolution zu lehren …

Insofern ist *Das Maschinenzeitalter* an mehr als einem Punkt ein aufschlußreicher Test für den überaus gemessenen Gang der geistigen Evolution. Viele Bestandsaufnahmen der damaligen Gegenwart (1888) fallen heute nicht grundsätzlich anders aus. Die in jedes Kapitel hineingepflanzte Hoffnung auf Überwinden und Bessern (mit der vorauseilenden Unterstellung, es sei bereits geschehen) hat sich in Wahrheit meistens nicht erfüllt.

Der Krieg, *überhaupt dasjenige, was unsern Abscheu am meisten weckt*[116], ist keineswegs beseitigt ungeachtet der Erfindung jener ersehnten militärischen *Mordmaschine*, von deren friedenstiftender Funktion schon die Rede war.[117] Keine Spur auch davon, daß der Antisemitismus, *der damals einem nahen Ende entgegenging*[118], dieses glückliche Ziel erreicht hätte. Die Vermutung der Autorin, daß die Feindschaft gegen die Juden bald nachlassen werde, gründete sich nicht auf die Annahme wachsender Toleranz, sondern darauf, daß die Juden sich vollkommen assimilieren würden. Das glaubte zu jener Zeit auch Theodor Herzl, ein reiner Assimilant österreichischer Prägung. Weniger als ein Jahrzehnt nach der gedruckten Fehlprognose gewann er aus dem Schock der Dreyfus-Affäre die Gewißheit, daß das Aufgehen der Juden in ihren Gastvölkern nicht möglich sei, und wurde zu einem glühenden Zionisten.

Auf dem Gebiet der christlichen Konfessionen war die Anwältin des rationalen Fortschritts überzeugt, daß sich eine religionsunabhängige Ethik entwickeln werde und daß der Dogmenglaube im nächsten – also im 20. – Jahrhundert so überwunden sei wie die Ketzergerichte von einst. Tatsächlich sind die religiösen Bindungen weithin lockerer geworden, vielfach bis zum Absterben und völliger Bindungslosigkeit; aber unverkennbar ist zugleich, daß damit auch ethische Richtwerte verkümmern – wodurch gerade jener Sinnzusammenhang deutlich wird, der in der Zukunftssicht – beziehungsweise der fiktiven Rück-Sicht – des *Maschinenzeitalters* als aufgelöst gilt.

Die Posten der Mängelliste in jenem Prophetenbuch könnte Bertha von Suttner auch heute überwiegend nicht als erledigt, erfüllt und gegenstandslos betrachten, doch gibt es einen Sachkomplex, worin außerordentliche Wandlungen unverkennbar sind. Die Gleichberechtigung der Frau ist längst keine Frage mehr des Ob und Überhaupt, sondern nur noch des Grades und erreichten Standes der Emanzipation.

In vielen Büchern stritt die Schriftstellerin dafür, am meisten aber indirekt und beiläufig durch die späteren zahllosen Podiumsauftritte auf den Friedenskongressen: ein Beispiel der selbständigen, eigenverantwortlichen Frau, die bereits verwirklichte, was andere erst erträumten. Während viele Frauenrechtlerinnen in Umzügen, mit Transparenten – in stummem oder lautem Protest – für die Rechte ihres Geschlechts demonstrierten, als die verkörperte Forderung, bot Bertha von Suttner den Anblick des verkörperten Gelingens. In den frühen Büchern der unbekannten Verfasserin ging es hierbei erst nur um Plädoyers für die gesellschaftliche Aufwertung der Frauen, teils in Spielhandlungen eingekleidet, teils umweglos und direkt in den «Vorlesungen» des *Maschinenzeitalters*.

Immer nur im Hinblick dessen, was die Frau – nicht als Mensch an sich, sondern als Gefährtin des Mannes – leisten konnte, ward ihr Wert und ihr Recht bemessen. Sei's nun, um als Weib des Wilden die Gunst zu genießen, dem Herrn das erbeutete Wild in die Hütte zu schleppen; um als Hinduwitwe dem toten Gebieter durch den

«Der Aufstand gegen die Ehemänner ist zur heiligsten Pflicht erklärt!» Karikatur von Honoré Daumier, 1849

Holzstoß ins Jenseits folgen zu dürfen; oder um als angetraute Ehefrau dem Gesponsen die Hemdknöpfe anzunähen; oder um endlich, wie die beliebte Schmeichelrede lautete, als hochgebildete Salondame durch ihren verfeinernden Umgang auf ungehobelte Jünglinge abschleifend zu wirken («Willst du genau erfahren, was sich ziemt, so frage nur bei edlen Frauen an»): immer war es ihre männerbeglückende Wirksamkeit, auf die sie sich prüfen lassen mußte.[119]

Was Goethe im «Tasso» als Huldigung an Frau von Stein verstanden wissen wollte, nahm die emanzipierte Streiterin ganz ungnädig auf: *als ob es ihres*, der Frauen, *Amtes wäre, alles, was es da Rauhes giebt, zu ebnen und zu glätten*[120]. Folglich kam auch Schiller nicht besser weg mit seinem Gedicht «Würde der Frauen», wohlmeinend, aber in den Augen dieser Leserin offenbar von falschem Rollenverständnis geleitet. Denn verärgert zitiert sie Verse daraus, als Beispiel, daß weibliches Leben *nicht als Selbstzweck, sondern als Verschönerung des männlichen Daseins aufgefaßt werde*[121]:

Ehret die Frauen, sie flechten und weben
Himmlische Rosen ins irdische Leben.

Das Buch erschien nicht mehr unter der Tarnbezeichnung *B. Oulot*, noch nicht unter dem bald auf Anhieb etablierten Markenzeichen Bertha von Suttner, sondern in einer Zwischenzone völliger Anonymität, betitelt: *Jemand*. Erläuternd teilte das Vorwort mit, *daß mein Name, wenn genannt, gerade solche Kreise meinem Buche verschließen könnte, für die es hauptsächlich bestimmt ist.* Daß hierbei natürlich der Gesichtspunkt «Frau» maßgebend war, bestätigen die *Memoiren*: *[...] denn in wissenschaftlichen Kreisen herrscht so viel Vorurteil gegen die Denkfähigkeit der Frauen, daß das mit einem Frauennamen gezeichnete Buch von solchen einfach ungelesen geblieben wäre, für die es eigentlich bestimmt* war.[122]

Im Vorwort zur dritten Auflage des *Maschinenzeitalters*, 1898, verweist die Autorin, die sich längst nicht mehr versteckte, triumphierend auf den gelungenen Test: denn es sei *eine Thatsache bewiesen worden, die in der Frauenfrage als ein wichtiges Argument stehen bleiben kann, nämlich, daß es keine spezifische weibliche Art zu schreiben und zu denken giebt, denn keiner unter den Kritikern hat das Geschlecht des «Jemand» erraten.*

Nicht nur das. Auch amüsante Mißverständnisse entstanden. Auf einer Gesellschaft äußerte sich ein Tischnachbar der unbekannten Verfasserin offenbar so angeregt über *Das Maschinenzeitalter*, daß sie provozierend ins Gespräch warf: *Das muß ich mir doch auch verschaffen*, woraufhin ein anderer ausrief: *«O, das ist kein Buch für Damen!»*[123]

Das große Plädoyer

Wie bekämpft ein Schriftsteller änderungsbedürftige Zustände? Bertha von Suttner wählte nacheinander zwei konträre dramaturgische Mittel: Der angenommene Standort erfüllter Zukunft soll der Gegenwart Anstöße geben; so im *Maschinenzeitalter*. Die brutale Darstellung des jüngst Vergangenen soll die lichtere Zukunft vorbereiten; so in *Die Waffen nieder!* Im ersten Fall hat die aufgeklärte Vernunft gleichsam schon gewonnen, im zweiten will die schonungslose Analyse erst der Vernunft Wege ebnen. Dort herrscht kampfloses Glück, hier glückloser Kampf.

Soweit in den bisherigen Büchern dieser Autorin vom Krieg die Rede ist, spricht sie essayistisch, diskursiv dagegen. Jetzt aber werden alle Einwände in einer Romanhandlung verarbeitet; natürlich auch die stützenden Argumente, wie es der Dialog, die Dialektik verlangt. Aber schon im Werdestadium ist das neue Werk um eine Dimension erweitert. Nicht mehr nur mit selbstentwickelten Erkenntnissen wird hier antimilitaristisch gestritten, sondern zugleich vor dem Hintergrund des jüngst erworbenen Wissens, daß es schon eine Friedensbewegung gibt. Mit der Einsicht in das bisher Ungekannte geht es der Verfasserin – so schreibt sie – wie dem überraschten Don Carlos bei der Prinzessin Eboli: «Wie? ein solches Mädchen hatte Madrid, und ich – und ich erfahr es heute zum erstenmal?»

Der Friedensliga wollte ich einen Dienst leisten – wie konnte ich das besser tun, als indem ich ein Buch zu schreiben versuchte, das ihre Ideen verbreiten sollte? Und am wirksamsten, so dachte ich, konnte ich das in Form einer Erzählung tun. Dafür würde sich sicher ein größeres Publikum finden als für eine Abhandlung ... Es sollte die Geschichte einer jungen Frau werden, deren Schicksal mit den in unserer Zeit gefochtenen Kriegen eng verknüpft war [...]. Ich las in dickbändigen Geschichtswerken nach, stöberte in alten Zeitungen und Archiven, um Berichte der Kriegskorrespondenten und Militärärzte zu finden; ich ließ mir von solchen meiner Bekannten, welche im Felde gestanden, Schlachtenepisoden erzählen, und während dieser Studienzeit wuchs mein Abscheu vor dem Kriege bis zur schmerzlichsten Intensität heran. [124]

Die zentrale Figur des Romans, Martha Gräfin Althaus, tritt als Ich-Erzählerin auf. Das Buch ist also autobiographisch angelegt. Auch hier wieder wie schon öfter vorher und öfter noch nachher: fließende Übergänge zwischen Selbsterlebtem und Hinzugedachtem. «Und es ist wohl kein Zufall, daß Suttners Romanfigur Martha Althaus mit allen Erfolgen ausgestattet wurde, die der Verfasserin selbst in ihrer Jugend versagt geblieben waren.» [125] Nun, an Triumphen und Trophäen hatte es nicht gefehlt, aber die eine große unverschuldete Gesellschaftsniederlage gleich am Beginn der Salonkarriere der jungen Comtesse brannte wie eine Wunde trotz aller anderweitigen Anerkennungen. Teils zahlte sie mit Unfreundlichkeiten und gezielten Seitenhieben heim, teils – wie hier – in Form einer Reinschrift des eigenen, nicht ganz geglückten Jugendaufenthaltes in der *Société*.

Das erste Buch unter eigenem Namen konnte nur in den Augen der Leserwelt eine Anfängerarbeit sein. Sie wußte ja nichts von den pseudonymen Fingerübungen der Jahre davor. Und so floß schon viel Schreiberfahrung im Aufbau von Handlungen in das Kriegsthema mit Variationen ein.

Dazu gehört natürlich in jeder gehobenen Literaturschicht der Entwicklungsgedanke. Lernprozesse, Anschauungswandel, Reifungen verändern die Standpunkte der Mitwirkenden. Schicksalsschläge untergraben herkömmliche Denkmuster. Daß dies unaufdringlich geschieht, im Schrittmaß der Zeittragödien auf den Schlachtfeldern, macht die erdachte Autobiographin und ihre Mit- und Gegenspieler glaubhaft. Auch sind die Positionen der Gegenseite nicht nur mit Stichwortgebern für die Proklamation der besseren Weltanschauung besetzt, sondern deren Anwälte vertreten Überzeugungen, die mehr sind als rhetorische Anstandspflichten der Autorin. Schließlich hatte sie selbst ja lange so gedacht und konnte ihnen und, anfänglich, ihrer Romanheldin entsprechende Äußerungen plausibel klingend in den Mund legen. Waren doch beide, Bertha und Martha, Produkte der gleichen Schulerziehung:

Die Mädchen – welche zwar nicht ins Feld ziehen sollen – werden aus denselben Büchern unterrichtet, die auf die Soldatenzüchtung der Knaben angelegt sind, und so entsteht bei der weiblichen Jugend dieselbe Auffassung, die sich in Neid, nicht mittun zu dürfen, und in Bewunderung für den Militärstand auflöst. Was uns zarten Jungfräulein, die wir doch in allem übrigen zu Sanftmut und Milde ermahnt werden, für Schauderbilder aus allen Schlachten der Erde, von den biblischen und makedonischen und punischen bis zu den dreißigjährigen und napoleonischen Kriegen vorgeführt werden, wie wir da die Städte brennen und die Einwohner «über die Klinge springen» und die Besiegten schinden sehen – das ist ein wahres Vergnügen [...]; alles, was in die Rubrik Krieg gehört, wird nicht mehr vom Standpunkte der Menschlichkeit betrachtet und erhält eine ganz besondere mystisch-historisch-politische Weihe.[126]

Als dann Ende der fünfziger Jahre der Krieg um die italienische Einigung ausbrach, den entsprechenden deutschen Verwicklungen um etliche Jahre voraus, da begann für die jungverheiratete Gräfin Dotzky, geborene Althaus, *eine aufgeregte Zeit [...] Von einer Revolte meines Gefühls gegen das Kriegführen überhaupt war keine Rede; nur darunter litt ich, daß mein geliebter Mann hinauszuziehen hätte in die Gefahr und ich in Einsamkeit und Bangen zurückzubleiben.*[127] Als der Husarenleutnant bei Solferino gefallen war, dort, wo im Roman «Radetzkymarsch» von Joseph Roth der Leutnant Trotta den Kaiser rettete, ohne dadurch verhindern zu können, daß Österreich die Schlacht verlor und im Zusammenhang damit zugleich die ganze Lombardei – da schlug die persönliche Heimsuchung die ersten Breschen in die Festung ihres Bewußtseins: ob der Krieg wirklich ein gleichsam autonomer Wesensbestandteil des Geschichtsganges sei, selbsttätig wirkend, von Menschen wenig beeinflußbar. Die Romanfigur macht jetzt Entwicklungen durch, die ihre Gestalterin eine Reihe von Jahren vor diesem Werk in sich selbst ausgetragen und deren Resultate sie im *Inventarium einer Seele* von 1883 ausgebreitet hatte. Das eigene vorausgegangene Umdenken gibt dem erzählerischen Nachvollzug Überzeugungskraft und schützt ihn vor dem Eindruck der Konstruktion. Bald schon stört ihre Martha Dotzky mit ersten Dissonanzen die vaterländischen Schlachtgesänge und den Hurrapatriotismus ih-

Die Schlacht bei Solferino, 24. Juni 1859. Gemälde von Carlo Bossoli, 1859. Turin, Museo Nazionale

rer Schicht: *[...] wenn man sie gar nicht hinschicken würde in all den Jammer, die armen Leute; wäre das nicht noch viel besser?* [128]

Der Gesinnungswandel ist unwiderruflich, aber natürlich verlangt die Dramaturgie, daß er auf schwere Hindernisse stößt. Die hemmenden Elemente auf dem Wege der Läuterung, die Ritardandi in diesem Opus von Krieg und Frieden liegen besonders in der Person des Vaters. Ihm wird die patriotische Hauptrolle zugewiesen. Der General, der unter Radetzky gefochten hatte und ihn verehrt, ist das Bilderbuchbeispiel eines Verteidigers des heiligen Krieges, der Vaterlandspflicht, der notwendigen Opfer, des trotzigen «Es muß sein».

Seinen Widerpart findet er – mehr als in der Tochter, die ja als Frau in Kriegsdingen keine ernstzunehmende Stimme hat, nur die Söhne dafür gebären darf – in seinem zweiten Schwiegersohn, dem Oberstleutnant Baron von Tilling, der mit seiner Frau Martha im sittlichen Aufbegehren einer Meinung ist. Von Kampfbegeisterung beseelt, sei er als Neunzehnjähriger zum ersten Mal ins Feld gezogen. *Als ich aber die Wirklichkeit des Gemetzels gesehen, nachdem ich Zeuge der dabei entfesselten Bestialität gewesen, da war es mit meinem Enthusiasmus vorbei, und in die nachfolgenden Schlachten ging ich schon nicht mehr mit Lust, sondern mit Ergebung.*[129]

Schlachtenschilderungen in der «schönen Literatur» gab es von alters her. Neu war die Hereinnahme all der Bitternisse aus dem Souterrain der Heldentaten, die verzweifelte Eintracht der Verwundeten und Sterbenden von Freund und Feind, die grausigen Szenen auf den Schlachtbänken der Lazarette, kurz: all dessen, was jenseits von Sieg und Niederlage mit zum Kampfgeschehen gehörte, aber weniger verlockend für poetische Wiedergabe war. Erst die Literaturepoche des Realismus, der auch Bertha von Suttners Bücher zuzuordnen sind, öffnete sich dafür. Vorher schon hatte man derartiges allenfalls in Reportagen gelesen. So widmete «Die Gartenlaube», das mittelständische Feierabendblatt in Leipzig, im preußisch-österreichischen Entscheidungssommer 1866 eine Wochennummer vorwiegend den kriegerischen Auseinandersetzungen und lenkte dabei die Blicke ihrer Leserschaft auch auf die blutigen Auswirkungen der Tapferkeit. Ein Stahlstich in der Nr. 29 zeigt «Das internationale Lazareth in der Leipziger Turnhalle», wo – im Bilde nicht sichtbar – die (unbetäubt) «amputirten menschlichen Gliedmaßen umher[lagen]». Rühmend wird von den «Schlachtfeldengeln» gesprochen, denen viele der hier Liegenden verdanken, daß sie die Walstatt überhaupt lebend verlassen konnten, vor dem Verbluten und Verdursten gerettet wurden.[130]

Auch Bertha von Suttner schaut schonungslos in die Fratzen des Krieges, wie sie den Betrachter angrinsen, freilich nicht vom Feldherrnhügel aus, in verschleiernder Fernrohrdistanz, sondern aus der Leidensnähe der «Schlachtfeldengel», der Sanität.

In immer dichteren Scharen wanken Verwundete heran, sich selber oder einander mühsam fortschleppend. Das sind solche, die doch noch gehen können. Unter sie wird der Inhalt der Feldfla-

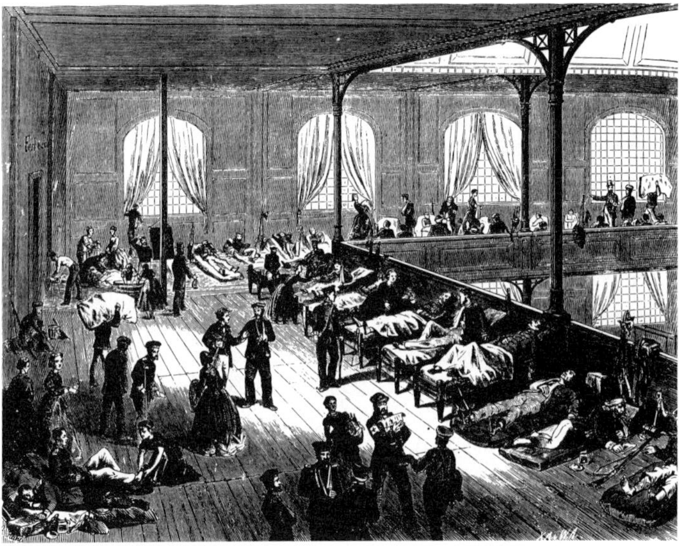

«Das internationale Lazareth in der Leipziger Turnhalle».
Illustration aus der «Gartenlaube», 1866

schen verteilt, man legt ihnen eine Binde auf quellende Wunden und weist ihnen den Weg nach der Ambulanz. Und wieder geht es weiter. An Toten vorüber – an Hügeln von Leichen. Viele dieser Toten zeigen die Spuren entsetzlichster Agonie. Unnatürlich weit aufgerissene Augen – die Hände in die Erde gebohrt – die Haare des Bartes aufgerichtet – zusammengepreßte Zähne unter krampfhaft geöffneten Lippen – die Beine starr ausgestreckt, so liegen sie da.

[...] Was der Regimentsarzt von dem Gang einer Sanitätspatrouille über das Schlachtfeld erzählte, das enthält noch viele ähnliche und ärgere Dinge [...] das grauenhafteste Bild von allen – ein Gehöft, in welchem man hundert Verwundete untergebracht, verbunden und gelabt hat. Die armen Teufel froh und dankbar, daß ihnen Rettung geworden – und eine Granate, die das Ganze in Brand schießt. Eine Minute, und das Lazarett steht in Flammen – das Schreien, vielmehr das Geheul, welches aus dieser Stätte der Verzweiflung gellt und welches in seinem wilden Weh alles übrige Getöse übertönt, das wird wohl jenen, die es hörten, ewig unvergeßlich bleiben.[131]

Keine Kriegsreportage des 20. Jahrhunderts zeigt rücksichtsloser und «routinierter» als dieser Roman des 19. die Greuel des modernen Krieges, vornehmlich die Elendszustände nach der Schlacht: die unaufgefundenen Verdurstenden zwischen Hecken und Ähren, Schwerverwundete mit brandigen Gliedern, an denen Mücken und Fliegen um die Plätze streiten, Schwärme von Krähen, die krächzend auf ihr Festmahl warten, die anderen Hyänen des Leichenackers, jenes fleddernde Gesindel, das sich beim Nahen der Samariter eilig davonmacht; die flach ausgehobenen Massengräber, über denen der nächste Gewitterguß die magere Erdschicht aushöhlt und die Verwesenden exhumiert ...

Die brutale Aufrichtigkeit des Buches, zumal von seiten einer Frau, wirkte damals, als solche Einzelheiten noch nicht zum Hintergrundwissen der Zivilbevölkerung gehörten, als Provokation, die keine lauen Zwischenempfindungen zuließ. Man konnte nur Anteil nehmen, gar erschüttert mitfühlen, oder die schwere Lesekost zurückweisen, sei es um der Gemütsruhe willen oder weil der Seelenpanzer, das geschlossene Visier trotzigen Militärgeistes, keine pazifistischen Gedanken hindurchdringen ließ.

Das deutsche Schicksalsjahr 1866 ist der darstellerische Höhepunkt des Buches, sozusagen die Reinschrift der von der Autorin ziemlich gleichgültig hingenommenen Wirklichkeit vor mehr als zwei Jahrzehnten.[132] Die echte Zeitzeugin hatte als junge Salonschönheit daran vorbeigelebt, die erfundene erlebt das nationale Drama mitleidend. Kam beruhigende Nachricht vom Kriegsschauplatz, so wußte die Empfängerin nicht, ob der beglückende Bescheid, «bin gesund», noch gültig war oder schon überholt. Friedrich von Tilling kehrte zurück. Er starb erst 1871 im belagerten Paris, als vermeintlicher preußischer Spion von einer fanatischen Rotte an die Wand gestellt ...

Das sollte die Botschaft sein oder vielleicht die vorrangige unter mancherlei Gewissensanrufen in dieser Autobiographie mit zweifacher Kriegerwitwenschaft: daß alle Eroberungen, nationalen Ruhmestitel und persönlichen Tapferkeitserweise nur die Schönwetteransicht des Krieges sind, sofern er überhaupt gewonnen wird, die zahllosen Einzeltragödien sich aber zu einer Summe addieren, die moralisch das weit größere Gewicht besitzt. Nur wenn nicht mehr die Heldenseite, sondern die Leidensseite das Bewußtsein beherrschte, konnte es zu einem Paradigmentausch des Heroismus gegen den Pazifismus kommen. Das öffentliche

Schlacht bei Sedan, 1. September 1870. Farbdruck nach einem Aquarell von Carl Röchling

Interesse hierin umzulenken und denen Stimmen zuzuführen, die schon jetzt «Die Waffen nieder!» riefen – dafür lieferte Bertha von Suttner eine Streitschrift, im Wortsinn. Noch heute beeindruckt sie durch ihre Wortgewandtheit mit vielen sehr modern klingenden Substantivverbindungen, durch das kompositorische Geschick im Wechsel von idyllischer Liebeseintracht und (gerade dadurch um so schmerzlicher erscheinenden) kriegsbedingten Trennungen, schließlich auch durch eine Mischung von Fiktion und Dokumententreue. Originale Zeitzeugnisse – wie Proklamationen – vor echtem Zeithintergrund werden in den erfundenen persönlichen Handlungsgang eingestreut und vermitteln die Vorstellung des Authentischen: ein «Tatsachenroman».

Die hier so leidenschaftlich für den Friedensgedanken warb – eine Illusionistin war sie nicht. Sie ahnte, wie hindernisreich der Weg sein werde. Friedrich von Tilling, kurz vor seinem gewaltsamen Tod, bekommt Worte zugewiesen, die exakt kennzeichnen, wodurch die noch unentdeckte Pazifistin Bertha von Suttner ihr weiteres Leben auf den Vortragspodien der Friedensgesellschaft belastet sehen wird:

Der Krieg, der jetzt gefochten wird, ist zu gewaltiger Natur, um nicht kriegerisch fortzuwirken. Auf der Seite der Besiegten hat er einen solchen Vorrat von Haß- und Rachesaaten ausgestreut, daß daraus eine künftige Kampfernte hervorwachsen muß; und andererseits hat er für den Sieger solche großartige umwälzende Erfolge zustande gebracht, daß dort eine gleich große Saat von kriegerischem Stolze aufgehen wird.[133]

So endet das große Plädoyer, indem die Friedensfreunde nüchtern ihre moralische Barschaft überschlagen, skeptisch hinsichtlich der Kaufkraft am Markt der patriotischen Gefühle.

Bewunderung, Zuspruch, Spott

Die Literaturgeschichte ist voll von Beispielen berühmter Bücher, die einen schweren Start gehabt haben. In den Verlagshäusern, in denen so viele Erfahrungen im Büchermachen versammelt sind, wird dennoch nie ein zuverlässiges Meßgerät entwickelt, an dem sich die Aussichten einer Publikation ablesen lassen. Selbst die kundigsten Personen in diesem Metier irren sich immer wieder: setzen große Erwartungen in ein Buch, und es «geht» nicht; rechnen sich geringe Chancen aus, und eine Rakete steigt in den Bücherhimmel. Die Aussichten auf Erfolg oder Mißerfolg könnten gelassener anheimgestellt werden, wenn es nicht jedesmal um erhebliche Investitionen, wenn es nicht ums Geschäft ginge. Die Schriftsteller hat von jeher irritiert, daß die Hervorbringungen ihrer einsamen Stunden kühl kalkulierte Waren sind. Bücher unterliegen den Gesetzen des Marktes: dem Geschmack, der gesellschaftlichen und politischen Zeitlage, rätselhaften Vorlieben und Abneigungen, die morgen ins Gegenteil umschlagen können. Bücher kommen zu früh, Bücher kommen zu spät, Bücher kommen gerade rechtzeitig. Wenn man es nur genauer wüßte, bevor sie erscheinen …

Ein besonders schwieriges Genre in der Einschätzung ist Kriegsliteratur. Gerade in Friedenszeiten, früher jedenfalls, nahmen Verleger und Lektoren Manuskripte über den Krieg nur mit spitzen Fingern entgegen. Im Fischer-Verlag fehlte das Gespür, einen der größten deutschen Verkaufserfolge zu erahnen; man lehnte Remarques «Im Westen nichts Neues» bedauernd ab. Der Autor selbst hatte wenig Zuversicht. «Wer will schon einen Roman lesen, der die Hölle auf Erden schildert?»[134] Erst der Ullstein-Verlag griff zögernd nach dem zweifelhaften Schriftwerk – und kam bald mit dem Nachdrucken nicht hinterher …

Von Bertha von Suttner ist nicht bekannt, daß ähnliche Zweifel sie plagten wie später den Kollegen Remarque. Aber die Zurückhaltung der Verlage und Redaktionen war die gleiche. *«Mit Bedauern sehen wir uns veranlaßt, Ihnen das […] Manuskript zurückzuschicken. Große Kreise unserer Leser würden sich durch den Inhalt verletzt fühlen.»*[135] Von anderer Seite kam die Auskunft: *«Trotz aller Vorzüge ist es ganz ausgeschlossen, daß der Roman in einem Militärstaat veröffentlicht werde.»*[136] Auch dem Verleger Edgar Pierson in Dresden, der den *Schriftsteller-Roman* herausgebracht hatte, erschien das Unternehmen gefährlich. *Pierson riet mir, ich möge das Manuskript einem erfahrenen Staatsmann zur Durchsicht geben mit der Bitte, alles zu streichen, was Anstoß geben könnte.*[137]

Die Zumutung ist buchenswert. Sie zu beherzigen wäre ungefähr so, als wenn in einer Tierfabel die Gazelle den Löwen bäte, sie zur Tränke zu führen; die Gegend sei so gefährlich. Ein Repräsentant gerade des politisch-militärischen Feindlagers, dem der Fehdehandschuh hingeworfen worden war, sollte den Appell an die Gewissen der Leserschaft *auf diplomatisch-opportunistische Weise zustutzen nach den Regeln jener verächtlichsten aller Künste – nämlich der Kunst, es allen recht zu machen*[138].

Als die Verfasserin das Ansinnen empört zurückwies, wünschte der Verleger wenigstens die schmetternde Fanfare des Buchtitels in der Lautstärke zu dämpfen, aber auch darauf ließ die halsstarrige Anwältin des Friedens sich nicht ein: Der Anruf umfasse in drei Worten den ganzen Zweck des Werkes. So gab er seufzend nach, vielleicht von der geheimen Stimme gelenkt, daß eine Ablehnung für ihn am Ende noch nachteiliger sei als Annahme und Druck.

Und so ging das Buch hinaus in die Welt, eines von jenen, nach dessen Erscheinen sie nicht dieselbe blieb, die sie zuvor gewesen.

Die Autorin des Antikriegsromans nahm zwar alle möglichen Hindernisse für den Frieden wahr, doch litt darunter nicht der Absatz ihrer Schrift. Selbst die Widersacher trieb die Neugier,

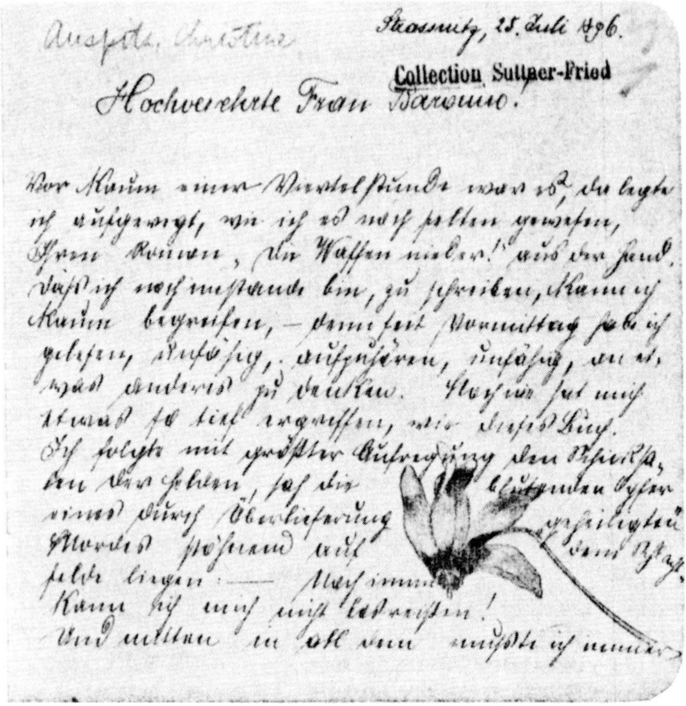

Ausschnitt aus dem Brief einer bewundernden Leserin, 1896

und die Zahl der wirklich Empfänglichen schien groß zu sein. Die Wirkung im In- und Ausland erklärte die Verfasserin sich damit, daß das Lesepublikum weit aufgeschlossener gewesen sei als die meisten derjenigen, die sich als Sprachrohr der Öffentlichkeit verstanden. In den Redaktionen und Verlagen habe man nach der vor zwanzig Jahren gültigen kollektiven Meinung geurteilt, nicht nach der inzwischen veränderten Bewußtseinslage. *So glaube ich gerne, daß ein Buch gegen den Krieg, das gegen Anfang der siebziger Jahre erschienen wäre, als noch der Siegestaumel in Deutschland und der Revanchezorn in Frankreich überschäumten, ganz und gar erfolglos geblieben sein würde.*[139] Auch habe der *Waffenkultus* erst die derzeitigen Ausmaße annehmen müssen, um dem Buch *Die Waffen nieder!* ein so starkes Echo zu sichern. *Der Blitz-*

schlag ist nur dann möglich, wenn die Luft mit Elektrizität gesättigt ist[140], bekräftigte die leidenschaftliche Naturkundlerin.

Waren die Verkaufszahlen im deutschsprachigen Raum und die vielen Übersetzungen der anonyme Widerhall des belletristischen Friedensappells, so traten aus dem großen Chor auch angesehene Solisten hervor. Der Erfinder des Dynamits schrieb einen begeisterten Brief (in Französisch), er habe soeben die Lektüre des bewundernswerten Meisterwerkes beendet, und rühmte die «Amazonenhand, die so wachsam Krieg gegen den Krieg führt». Alfred Nobel unterzeichnete mit einer Huldigung in Englisch: «Yours for ever and more than ever».[141]

Ebenfalls in französischer Sprache schrieb Tolstoj und zog einen ehrenden Vergleich: «Der Abschaffung der Sklaverei ist das berühmte Buch einer Frau vorausgegangen, Madame Beecher-Stowe; gebe Gott, daß das Ihre das gleiche bewirke für die Abschaffung des Krieges.»[142]

Lew Tolstoj. Gemälde von Ilja Repin, 1887. Moskau, Tretjakow-Galerie

Bertha von Suttner freute sich, daß Wilhelm Liebknecht, der führende deutsche Sozialdemokrat neben August Bebel, den Roman im Parteiorgan «Vorwärts» in Fortsetzungen drucken lassen wollte, wenn auch unentgeltlich wegen der leeren Parteikasse nach jahrzehntelanger Verfolgung der Sozialisten und gesetzlichen Repression. Wer vom Schreiben lebt, muß in solchem Fall abwägen, ob der ideelle Nutzen den Honorarverzicht aufwiege. Die Druckerlaubnis wurde erteilt. Berthas Freund und Briefpartner, der österreichische liberale Abgeordnete und Philosoph Carneri, las darüber in einem Brief aus Harmannsdorf: *Ich bin sogar sehr stolz darauf, daß die Sozialdemokraten [...] uns durch mein Buch jetzt näher gebracht werden – daß zu Marthas Eroberungen nun auch das Haupt der großen Volkspartei gehört.*[143] Über den Verfasser *Jemand* und sein *Maschinenzeitalter* hatte August Bebel noch eher abschätzig geurteilt, es sei eine gute Propagandaschrift für weniger vorgeschrittene Leserkreise.[144]

Die *Memoiren*, die die frühe Wirkungsgeschichte des Romans an einigen Beispielen wiedergeben, wecken den Eindruck, daß nicht nur bei den oppositionellen Politikern, sondern ebenso bei den regierenden ein erster Einbruch erzielt worden sei. So habe der österreichische Finanzminister von Dunajewski im April 1891 in einer Reichsratsdebatte über den Militärhaushalt einfließen lassen: «Es ist kürzlich ein Buch erschienen, ‹Die Waffen nieder!› – ich kann den Herren nur raten, der Lektüre dieses Buches einige Stunden zu widmen; wer dann noch Vorliebe für den Krieg hat, den könnte ich nur bedauern.»[145]

Die Zitatwiedergabe erinnert an Gepflogenheiten in den Vertriebsabteilungen der Verlage in ihrem verständlichen Bestreben, selbst bei nicht ganz positiv besprochenen Büchern noch die lobenden Sätze herauszuziehen und in der Werbung zu verwenden. Von Dunajewskis Rede ging nämlich noch weiter, wobei sie aber den Absichten des Buches geradezu entgegenarbeitete: Österreich benötige eine solide Rüstung, um den Frieden zu wahren. «Gewehr bei Fuß. Ein anderes gibt es nicht.»[146]

Irgendwann fällt in die Hochrüstung der politisch-militärische Funke, der sie explodieren läßt, drängen die Waffensysteme zum Einsatz, um sich unter Bedingungen des Ernstfalls testen zu lassen. Diese Gefahr bestand jedenfalls, seit das Militärwesen fabrikmäßig ausgeweitet und die Rüstung zu einer volkswirtschaftlichen Rechengröße herangewachsen war. Die Pazifistin in Harmannsdorf mußte also die von Dunajewski beherzigte altrömische Bereitschaftsparole «Wenn du Frieden willst, wappne dich für den Krieg – Si vis pacem, para bellum» als höchst friedensgefährdend ablehnen.

So glich das Lob des Ministers einem vergifteten Praliné. Klarer und ehrlicher wirkte da die entschiedene Ablehnung. Felix Dahn, der den berühmten Gotenroman «Ein Kampf um Rom» geschrieben hatte, stieg ins poetische Tiefparterre mit einem mageren Epigramm, das durch die Gazetten wanderte und zugleich jene angriff, die Bertha von Suttners Kampfruf gegen den Krieg befürwortend aufnahmen:

Die Waffen hoch! Das Schwert ist Mannes eigen,
Wo Männer fechten, hat das Weib zu schweigen.
Doch freilich, Männer gibt's in diesen Tagen,
Die sollten lieber Unterröcke tragen.[147]

Die Feder führte ihm wohl die Erinnerung an den germanischen Abwehrkampf gegen Ostrom. Wer lange in solchem Dunstkreis lebt, wird leicht verführt, die Waffen weiterhin zu preisen. Denen huldigte auch ein junger Dichterkollege, der sechzehnjährige Rilke in Prag. In der fünften von sechs wehrhaften Strophen heißt es:

Ermannet Euch! Gefährten, Freunde, Brüder,
Die ihr doch stets das Vaterland geliebt,
Nun merket wohl: Es gibt kein ‹Waffen nieder›,
Weil's keinen Frieden ohne Waffen gibt![148]

Der feinnervige Dichter, dem das geistige Feldgrau überhaupt nicht stand, mußte dennoch einen langen Weg zurücklegen, um es abzustreifen. Noch 1914 rief er pathetisch aus: «Heil mir, daß ich Ergriffene sehe.»[149] Erst 1916 verrät eine Tagebuchzeile bei Stefan Zweig: «Er leidet sehr am Kriege ...»[150]

Der Kampf für den Frieden

Als Bertha von Suttner friedenswerbend hervorzutreten begann, hatten sich die Kräfteverhältnisse in Europa und die Einzeichnungen im Geschichtsatlas gegenüber der Periode ihrer Jugend merklich verändert. Das Pentagramm des Wiener Kongresses – Österreich, Deutschland, Frankreich, England, Rußland – stand zwar in den äußeren Grenzen noch genauso da, nicht jedoch in allen inneren. Die 39 Mitglieder des Deutschen (Staaten-)Bundes waren zu einem Bundesstaat zusammengeschlossen, mit jetzt 25 Fürstentümern und Königreichen, repräsentiert vom deutschen Kaiser aus dem Hause Hohenzollern. Bismarck hatte den deutschen Dualismus nach rund 125 Jahren gewaltsam beendet. Daß er anders nicht hätte überwunden werden können, räumten auch die innenpolitischen Gegner des preußischen Ministerpräsidenten – und Reichskanzlers seit 1871 – widerstrebend ein.

Für Europa bedeutete die Reichseinigung mehr als einen Machtumschwung zuungunsten Österreichs. Zum erstenmal seit dem Ende der Stauferzeit, seit 600 Jahren, hatte sich die Mitte des Kontinents wieder zum europäischen Kraftzentrum entwickelt. Neue politisch-strategische Blickperspektiven durchschnitten Europa.

Nicht nur die jetzt «grenzenlose» Konzentration von Volks-, Militär- und Wirtschaftskraft, auch die Persönlichkeit des Reichskanzlers bewirkten, daß Europas Schwerpunkt in Berlin lag. Doch zu der Zeit, als der Roman *Die Waffen nieder!* fordernd in viele Gemüter drang, dämmerte die Ära Bismarck.

Daß sogar ein früherer Bewunderer wie Fontane («Bismarck hat keinen größeren Anschwärmer gehabt als mich»[151]) sich über den Abgang erleichtert zeigte, macht deutlich, wie zeitwidrig das innere Regiment geworden war. Daß der Kanzler andererseits eine versuchungsreiche Vormachtstellung durch zwei Jahrzehnte

Kaiser Wilhelm II. Gemälde von Max Kroner, 1890.
Ein französischer General sagte dazu: «Das ist kein Porträt, sondern eine Kriegserklärung.»

so selbstbeschränkend ausgeübt hatte, ließ ihn im Ausland als einen Garanten der Mäßigung erscheinen. So war man dort über das Ausscheiden des alten Staatsmannes vielfach bestürzt und fragte sich zweifelnd, ob die außenpolitische Bescheidenheit unter dem ehrgeizigen jungen Souverän fortdauern werde.

Sie tat es nicht, weil Wilhelms Leidenschaft, die geschichtliche Mittellage und kontinentale Binnenpolitik meerwärts auszuweiten und eine mächtige Hochseeflotte bauen zu lassen, Englands insulares Sicherheitsgefühl unzumutbar reizte. Da überdies der von Bismarck gepflegte «Draht nach Petersburg» erkaltete und Rußland umgehend Ersatz bei Frankreich suchte (ein Bestreben, das die Pariser Regierung freudig erwiderte), begann Europa in Blöcke zu zerfallen. Auf der einen Seite festigte sich der Zweibund der Mittelmächte Deutschland und Österreich, auf der anderen formierte sich schrittweise eine Interessengemeinschaft Rußland–Frankreich, Frankreich–England, die in lockerer Verbundenheit zum Dreiverband heranwuchs, zur Triple-Entente.

Aus dem Blickwinkel einer Zeitbeobachterin, die für den Frieden stritt, mußte dieser Prozeß der Blockbildung und Bündnissysteme Besorgnis erregen, weil er das Gleichgewicht veränderte beziehungsweise Anstrengungen erkennen ließ, die Balance auf eine immer höhere militärische Ebene zu treiben. Die Generalstäbe überschlugen die eigenen und gegnerischen Kräfte, fanden natürlich, daß man noch nicht hinreichend überlegen war, und verlangten mehr Waffen. Eine Spirale des Wettrüstens begann sich zu drehen. Statt des Meisterartisten, der mit fünf Bällen jongliert hatte, spielten nun fünf Jongleure mit je zwei und drei Bällen und verbesserten ihr dürftiges Repertoire mit Kunststücken aus der Trickkiste des militärischen Erfindergeistes. Die Geschütze steigerten ihre Reichweiten und verkürzten die Abschußpausen, die Kaliber nahmen zu, das jüngst entwickelte Maschinengewehr wartete darauf, seine verheerende Wirkung zu erproben, die Generalstäbe beschleunigten die Mobilmachungsphase, indem sie die Eisenbahn als rasches Massentransportmittel für feldgraues Kanonenfutter in ihre Aufmarschpläne einbezogen.

Zu allem kam der friedensunwillige Zeitgeist: in Frankreich das Bestreben, Elsaß und Lothringen zurückzugewinnen, wofür Léon Gambetta die Verschwörerparole ausgegeben hatte: «Immer daran denken, nie davon reden» [152]; in Rußland der Panslawismus und der Drang zu den türkischen Meerengen; in Österreichs und Deutschlands nationalistischen Kreisen das sozialdarwinistische Verlangen nach «Lebensraum»; im Deutschen Reich nicht weniger beunruhigend die weltpolitische Großmannsattitüde, der klirrende Militärstolz der jungen Nation – Zeiterscheinungen, wie sie schon im Eingangskapitel umrissen sind.

Zusammen: keine günstigen Aussichten für die Arbeit am Frieden. In dem Jahr 1889, in welchem der Roman erscheint, kommt überdies ein Mensch zur Welt, der, noch fernen Tages, die

Losung vom «Lebensraum» in sich aufnehmen und entschlossener als jeder andere seiner Zeitgenossen den Krieg zum Mittel der Politik erklären wird ...

Schreibtisch und Podium

In einem «Friedenszeugnis der Quäker» von 1660 steht geschrieben: «Wir wissen sicher und bezeugen es der Welt, daß Christi Geist, der uns zur Wahrheit führt, uns nie veranlassen wird, mit Waffen zu kämpfen und gegen die Menschen Krieg zu führen, nicht für Sein Reich und auch nicht für die Reiche dieser Welt.»[153]

Die englischen Quäker und die niederländischen Mennoniten, diese Religionsgemeinschaften vor allem, haben dem Pazifismus seit dem 16. und 17. Jahrhundert den Weg bereitet. Und da beide Sekten gerade in Nordamerika großen Einfluß gewannen, entwickelte sich eine politische Friedensbewegung – seit dem 19. Jahrhundert – zuerst in den Vereinigten Staaten. Doch auch England stand nicht zurück. Dort fand sich in Hodgson Pratt einer der eifrigsten Anwälte der Friedensidee. Als der Roman *Die Waffen nieder!* entstand, gab es schon Gesellschaften unter diesem Banner in mehreren europäischen Ländern. Bertha von Suttner zitiert den Gründungsaufruf der englischen Liga für Frieden und Schiedsgerichtsbarkeit (International Peace and Arbitration Association). Menschen jeden Ranges, steht darin, wünschen Glück und Fortschritt der Menschheit, doch im Widerspruch dazu opfere man die Früchte des Fleißes zugunsten kriegerischer Zwecke, womit jeder Fortschritt verhindert werde. «Wäre jetzt nicht, am Ende des 19. Jahrhunderts, die Zeit gekommen, [...] dieser Torheit und schrecklichen Plage, die nur durch Einverständnis und Anstrengung aller beseitigt werden kann, ein Ende zu machen?»[154]

Seit dem Ausgang der achtziger Jahre wurde alljährlich ein Friedenskongreß einberufen, wechselnd in den europäischen Hauptstädten. Außerdem tagte in gleichen Abständen die Interparlamentarische Union, die 1888 in Paris gegründet worden war. Sie zielte darauf, daß zwischenstaatliche Streitfälle friedlich beigelegt wurden, am besten durch ein Schiedsgericht. Beide Organisationen arbeiteten also gesinnungsverwandt, mit dem Unterschied, daß die Union sich aus Abgeordneten zusammensetzte.

Als gewählte Volksvertreter und durch ihre Einflußnahme auf die Gesetzgebung konnten sie, grundsätzlich gesehen, die Friedensbemühungen wirksamer fördern als die Gesellschaften ohne parlamentarischen Rückhalt.

Das Wissen von der Existenz dieser Vereinigungen hatte der Arbeit am Roman Ansporn gegeben.[155] Umgekehrt stärkte nun die öffentliche Beachtung des Bestsellers die Pazifisten und verschaffte ihnen moralische Schubkraft. Die Autorin, an der Publikumsbörse unversehens als berühmte Schriftstellerin gehandelt – *Bin ich denn das wirklich? Es will mir nicht eingehen*[156] –, hatte zwar dem Friedensgedanken publizistisch sehr geholfen; aber: *Mich selber an der Sache zu beteiligen – anders als durch die Feder –, kam mir noch gar nicht in den Sinn.*[157]

Das war verständlich. Wie sollte sie es natürlich finden, mit dem gesprochenen Wort auf dem Podium zu wirken, statt mit dem geschriebenen am Schreibtisch, wenn Frauen noch nicht einmal wählen und gewählt werden durften? Infolge der politischen Unmündigkeit blieb ihnen jede parlamentarische Einflußnahme versperrt. Es erforderte einen emanzipatorischen Quantensprung, einfach an den Rednerpulten der Abgeordnetenhäuser, woran geschrieben stand: «Zutritt nur für Männer», vorbeizusteuern zu den Kathedern der Kongresse. Wenn die Parlamente Rednerinnen für unerwünscht hielten, dann konnten ja die Rednerinnen Parlamente für sich entbehrlich finden …

Einen Probestart künftiger praktischer Friedensarbeit unternahmen die beiden Suttners in Venedig. Die Buchhonorare im ersten Verkaufsjahr 1889 hatten ihnen den Gedanken eingegeben, den ganzen folgenden Winter in einem gemieteten Palazzo der «Serenissima», samt einer Zofe und zwei Gondolieri, zuzubringen. Die *Société* kreiste nach wie vor zeitlos auf dem ewigen Roulette der teuren Kurzweil, und prompt trafen die Wintergäste alte Bekannte. Auch neue Beziehungen bahnten sich an, etwa, indem eines Tages der englische Pazifist Felix Moscheles erschien, sobald er vom Aufenthalt der Romanautorin erfahren hatte. Als ihr Mann den Besucher hereinbat und sich bekannt machte, rief der andere verblüfft: *«Wie? Was? Sie wären der Baron Suttner! Sie sind also nicht tot? Sie sind ja doch in Paris erschossen worden?» – «Bitte um Entschuldigung, nein …»*[158] Der Ankömmling wurde darüber aufgeklärt, daß die vermeintliche zweifache Witwenschaft frei erfunden war.

Venedig: der Palazzo Dario, den die Suttners 1890/91 mieteten

Moscheles wollte in Venedig eine lokale Friedenssektion bilden, aber niemand, so mußte er erfahren, zeigte Interesse daran. An diesem Punkt erwachte Berthas Tatensinn. *«Wer weiß», sagte ich. «Es wäre vielleicht doch möglich, in der Sache etwas zu tun. Heute abend ist Empfang in Casa Pandolfi – ich will mit dem Marquis, der, soviel ich weiß, dem römischen Parlament und der dortigen Friedensgruppe angehört, von Ihrem Wunsche sprechen.»*[159]

Der Marchese zeigte sich höchst aufgeschlossen. Wenige Tage danach wurde ein Komitee gebildet, ein Aufruf erlassen, eine Versammlung einberufen. Pandolfi entzündete vor ihr ein rhetorisches Feuerwerk, *und damit war die von unserem englischen Gaste so eifrig gewünschte Gründung vollbracht. [...] Es war das erstemal im Leben, daß ich etwas Ähnlichem beiwohnte, denn nie noch hatte ich irgendeinem Vereine angehört oder eine Vereinsversammlung oder Gründung mit angesehen.*[160]

Für den Herbst 1891 waren die Interparlamentarische Union (IPU) und die Friedensgesellschaften zu den nächsten Kongressen nach Rom geladen, wo sie zeitgleich, aber getrennt tagen sollten. Ermutigt durch den venezianischen Erfolgsmoment ging Bertha von Suttner daran, die Sympathisanten in ihrer Staatsheimat organisatorisch zu sammeln, um auch österreichische Delegierte nach Rom entsenden zu können. Beim ersten Schritt, der Bildung einer IPU-Gruppe in Wien, erhielt die tatbereite Schriftstellerin nicht viel Zuspruch. Baron Kübeck, als Mitglied der englischen Friedensliga bereit zu sondieren, warnte die «hochverehrte gnädigste Baronin» vor überhöhten Erwartungen: «[...] glaube ich bei unseren Parteigrößen sehr wenig Anklang mit unseren – Ihren – großen Ideen zu finden, d. h. in der Theorie wohl, aber kaum in der werktätigen Übertragung derselben in das praktische Leben»[161]. Doch gelang es mit Kübecks Hilfe, den besonderen Eifer eines Abgeordneten zu wecken: Baron Pirquet. Unter dessen Leitung konstituierte sich eine interparlamentarische Gruppe innerhalb des österreichischen Reichsrates. «Wir Männer dürfen nicht zurückbleiben, wenn Frauen uns vorangehen»[162], begründete er sein Mittun.

Zusätzlich sollte nun eine Friedensgesellschaft in der Donaumetropole entstehen. Dadurch würde die Schriftstellerin ihr bisher stets unsichtbares Publikum absehbar auch direkt ansprechen. Zunächst griff sie aber zum vertrauten Federhalter und entwarf einen längeren Aufruf, dessen Schlußabschnitt lautet: *Klein also, das steht fest, ist die Zahl derer, die den Kriegszustand noch wollen. Noch kleiner ist die Zahl derer, die sich laut und im eigenen Namen zu diesem Willen bekennen. Unendlich groß hingegen sind die Massen, die den Frieden – nicht den ängstlich verlängerten, sondern den sicher gewährleisteten Frieden – ersehnen. Unter diesen ist aber wieder die Zahl derer sehr gering, die an die Möglichkeit der Erfüllung glauben und die sich zusammengeschlossen haben, um ihr Ziel laut zu verkünden und ihm in gemeinsamer Arbeit entgegenzusteuern. Wer die weiße Fahne schwingt, hat Millionen hinter sich, aber diese Millionen sind noch stumm.*[163]

Mit Zweifeln schickte Bertha von Suttner den Gewissensanruf an die «Neue Freie Presse», Wiens bedeutendstes Blatt – und fand ihn, freudig überrascht, zwei Tage später gedruckt; mit der redaktionellen Verbeugung, niemand sei berechtigter, in diesen Fragen das Wort zu ergreifen, als die Verfasserin des Buches *Die Waffen nieder!*[164] Fluten von Post strömten herein. Nicht allein zustimmend oder begeistert antworteten die Absender, boten vielmehr auch Mitarbeit an, fügten sogar Geldspenden bei. Hier, so war auf den ersten Blick zu erkennen, zeichneten sich die Umrisse einer österreichischen Friedensgesellschaft ab.

Ein vorläufiges Komitee entstand, worin, wie stets in solchen Fällen, Gewicht gelegt wurde auf klingende Namen. Ritter von Carneri gehörte dazu, Peter Rosegger, Fürst Wrede, der Abgeordnete von Pirquet. Die beiden Suttners und vier andere vervollständigten das Gremium. Bis auf den steirischen Dichter glänzten sie sämtlich mit Adelsprädikaten. Die Partei freilich, die dem Friedensgedanken am meisten geöffnet war, die sozialdemokratische, mußte sich weniger angesprochen fühlen, wenn sie nur Repräsentanten aus dem «Gotha» fand.[165] Hier zeigte sich bei der Initiatorin der alte Zwiespalt: im Denken liberal, fortschrittlich, demokratisch, im Lebensstil herkunftverbunden, ahnenstolz, mit der Freude am Glanz, auch am Namenglanz ... Im Roman *High Life* von 1886 wird das Für und Wider gegenübergestellt, wird sogar zugunsten des Fortschritts entschieden; ob ganz aufrichtig, steht dahin: *Wenn einmal die ganze Welt demokratisch sein wird, so wird ein ganz besonderer Genuß daraus geschwunden sein – ein Genuß, den nur die Zehntausend kannten und der um so intensiver war, je freudeärmer die Hunderttausende und die Millionen darbten. Es wird übrigens um dieses fossile Genußmonstrum ebenso wenig schade sein wie um andere Riesenformationen der Urzeit.*[166]

Am vorletzten Oktobertag des Jahres 1891 wurde im Alten Rathaus in Wien die Österreichische Friedensgesellschaft gegründet, mit 2000 Mitgliedern und Bertha von Suttner als Präsidentin. Jetzt galt es, die Italienfahrt vorzubereiten. Viele Wege führten nach Rom, aber alle kosteten Geld. Hierbei dachte die Präsidentin in erster Linie an ihren reichen Gönner Nobel. Doch um des hohen Zieles willen vergaß sie den anerzogenen Takt, wurde fordernd: *Jetzt oder nie können Sie zeigen, ob ich Sie Freund nennen kann oder nicht. Wollen Sie mir als Freund moralische und wirkliche Hilfe geben in dieser glühendsten und am meisten geschätzten Aufgabe meines Lebens?*[167]

Der Achtundfünfzigjährige übersandte die beträchtliche Summe von 80 Pfund Sterling, doch seine begleitenden Ansichten zum Zweck des Ganzen fielen weit bescheidener aus. Alfred Nobel war ein Realist mit kühl-skeptischer Weltbetrachtung, die den Suttnerschen Höhenflug mitunter schmerzlich, aber sachgerecht bremste. Wünsche allein sichern nicht den Frieden, schrieb er («Les vœux seuls n'assurent pas la paix»[168]). Nötig seien Vorschläge von geringem Schrittmaß, dafür mit Aussicht auf Erfüllbarkeit. Man könne nicht Abrüstung verlangen oder gar ein so-

Wien: das Alte Rathaus in der Wipplingerstraße

fortiges Schiedsgericht, ohne sich an tausend Vorurteilen und Ehrgeizregungen zu stoßen. Der kluge Weltmann und Zeitbeobachter verwies auf englische Praktiken. Was tue man dort in Fällen dringender Anliegen, aber zweifelhafter Aussichten? Man schaffe Provisorien von begrenzter Dauer. Wäre es zuviel verlangt, fragte er, daß die europäischen Regierungen sich verpflichten, für die Dauer eines Jahres jede feindselige Handlung zu vermeiden? «Bei Ablauf der Frist werden die Staaten bemüht sein, ihren Friedenspakt um ein weiteres Jahr zu verlängern. Fast unmerklich wird man so in eine erweiterte Friedensperiode gelangen.»

Beistand im Gewande des strengen Wirklichkeitssinnes erfuhr Bertha auch von anderer Seite. Max Kübeck hielt das erwünschte Schiedsgericht in der Machtpolitik der Nationen vorerst für unerreichbar. «Ja, in kleinen Territorialfragen (Luxemburg, Samoainseln, Karolinen u.s.w.) ist eine Unterwerfung unter einen Schiedsrichter von gebührender neutraler Stellung möglich und wahrscheinlich, aber in so weltbewegenden Fragen [...] wohl nicht so bald, im ersten Jahrtausend wohl nicht.»[169] Reichliche hundert Jahre davon sind seither vergangen. Noch immer läßt keine Nation ihre Entscheidungsfreiheit, ihre geheiligte Souveränität in der Außenpolitik, dem eigentlichen Entfaltungsraum unabhängiger Macht, durch internationale Einrichtungen freiwillig begrenzen. Darin hat der österreichische Parlamentarier im Jahr 1891 sehr klar gesehen.

Berthas Wille wurde durch die Einwände nicht gezügelt. Beim stürmischen Ausmessen des neuen Terrains Friedenspolitik mußten mögliche Bedenken wohl schon aus Selbstschutz schweigen. Erheblich später erst wurde der Blick unbefangener. Die Autobiographin im Jahre 1909, zwar noch mitten in der Arbeit, nur um viele Erfahrungen reicher, gesteht ein: *[...] ich hatte unter so unwiderstehlichem Impuls gehandelt, im Banne eines sehnsüchtigen Wollens, aber auch im Schutze jener Naivität, die aus Unkenntnis der Schwierigkeiten und der Hindernisse besteht und die jegliches gewagte Unternehmen besser fördert als Überlegung und Erfahrung*[170]. Gewiß würde manche weltbereichernde Idee gar nicht erst ihr Versuchsstadium erreichen, wenn die Zweifel schon bei der Taufe des Geisteskindes Pate stünden. Das ist eine Art von List der humanitären Vernunft. Wir brauchen zwar nicht anzunehmen, daß Bertha von Suttner den Weg zur kriegsbefreiten Welt 1891 kürzer veranschlagt hat als noch zwei Jahre zuvor am Ende ihres Romans mit dem zurückhaltenden Resümee des Friedrich von Tilling[171]; lediglich beim Einsatz der Mittel für das zu erreichende Ziel fehlte es ihr wohl am Augenmaß. Sie überschätzte deren Wirkungsmacht. Das sollte so bleiben.

Mehr Klagen als über Rückschläge hörten ihre Freunde über die Arbeitslast, wenn auch letztlich mit fröhlichem Unterton. *[...] wahrlich, ich fühle mich so lebens- und tatenkräftig, so arbeitsfroh – obgleich es eine furchtbar schwere Arbeit ist, die jetzt auf meinen Schultern ruht, obgleich ich viel, viel zu sorgen und zu kämpfen habe und obwohl die Arbeit sich so häuft, daß sie bald meine Kräfte übersteigen dürfte.* Oder: *Wie ich jetzt arbeite, davon macht sich kein Moltke einen Begriff. «Meine Ruh' ist hin.»* Doch das Gretchen-Zitat geht anders weiter als im «Faust»: *Aber mein Herz ist froh.* Schließlich: *Die Aufgaben, die mir erwachsen sind, sind sehr groß, ich fürchte, für meine Kraft zu groß. Oft wache ich mitten in der Nacht auf und muß in Gedanken weiterarbeiten – ich, die sonst immer schlief wie ein Murmeltier. [...] Aber, ich hab's ge-*

wagt, rief sie mit Ulrich von Hutten, *muß es auch zu Ende führen*[172].

Hilfskräfte für Korrespondenzen, Terminabsprachen und andere Sekretariatsarbeiten konnte sie sich gar nicht leisten, weil die Einkünfte aus Büchern und Artikeln gerade zum Leben reichten und die Spendengelder in Reisebilletts, Hotelkosten flossen, für sich und andere, und in Organisatorisches aller Art. Berthas legerer Ordnungssinn, nicht anders als in Gelddingen, erschwerte ihr sicher die Kleinarbeit am Frieden über das Unvermeidliche hinaus. Natürlich kämpfte Artur nach Kräften mit in den Papierschlachten, die nötig waren, um die wirklichen zu verhindern.

Rom, November 1891. Ein Wiedersehen unter anderen Vorzeichen, nicht gesellschaftlich-unterhaltend wie einst, sondern aufklärerisch-appellierend. Von Herzen gern hätte man von hier aus eine neue Pax Romana verkündet, keine augusteische, auf die Stärke der Legionen gegründete, sondern auf die Friedwilligkeit der Nationen. Aber die Völker, Regierungen und Führungsschichten, sie waren noch nicht soweit. Doch mit solchen Erwartungen war ja auch niemand zum Tiber gereist. Die Präsidentin der Österreichischen Friedensgesellschaft fuhr zu einer großen Premiere: derjenigen ihres ersten Auftretens vor internationalem Publikum. Vor Zeiten hatte die junge Gesangsschülerin von strahlenden Bühnenauftritten geträumt. Daraus war nichts geworden. Dafür ging es jetzt in der andersartigen Wirklichkeit nicht weniger feierlich zu.

Lampenfieber ... das war der Zustand, an dem ich ja im Leben krampfhaft gelitten hatte. [...] Und jetzt sollte ich – zum erstenmal im Leben – auf einem Weltkongreß, in Anwesenheit von Staatsmännern, an solchem Ort – das Kapitol! – eine öffentliche Rede halten, deren Wortlaut von den Zeitungskorrespondenten aller Länder stenographiert und hinaustelegraphiert würde. Eigentlich hätte jetzt, schreibt die Erinnernde, der Dämon Lampenfieber sie an der Kehle würgen müssen wie früher zu Gesangszeiten. *Nichts davon. Ganz ruhig, unbefangen, freudig gehoben sagte ich, was ich zu sagen hatte, und stürmischer Beifall folgte meinen Worten* (in Italienisch). *[...] Ich hatte etwas zu sagen, das mir wichtig schien und von dem ich wußte, daß es den Gleichgesinnten, die mich umgaben, eine willkommene, erfreuliche Botschaft sein würde. [...] Und so sprach ich völlig angstlos.*[173]

Für die Achtundvierzigjährige bedeutete der Rednerstart dennoch mehr als nur den sachbezogenen, überpersönlichen Transport eines Bekenntnisses. Sie hatte eine Hemmung besiegt und sich für das Medium Wort eine zweite Ausdrucksform zugeeignet. Schrift und Rede, Schreibtisch und Podium wechselten künftig gleichgeordnet miteinander ab, wobei das Bild der vortragenden, werbenden, beschwörenden Pazifistin für mehr als zwei Jahrzehnte weit stärker wahrgenommen wurde als alles Gedruckte aus ihrer geistigen Werkstatt.

Der unauflösbare Gegensatz

In Rom lernte die Novizin die führenden Häupter des Ordens der Friedfertigen kennen: Hodgson Pratt aus London, Frédéric Passy aus Paris, zehn Jahre später erster Friedensnobelpreisträger zusammen mit Henri Dunant; sowie Ruggero Bonghi, den Präsidenten des Kongresses. Um ihn hatte es im Vorfeld Streit gegeben, weil etliche Delegierte seine Neutralität anzweifelten aufgrund von Äußerungen, die den französischen Standpunkt zu Elsaß-Lothringen stützten.

Die chauvinistische Zwietracht der Völker – wozu auch der südtirolische Irredenta-Konflikt zwischen Italien und Österreich gehörte – trug Spannungen selbst in diesen Kreis, der doch sein Selbstverständnis aus dem Bestreben herleitete, überall in der auswärtigen Politik gütliche Einigungen zu erreichen. Die Friedensvorkämpfer waren aber in ihren Sichtweisen oft genug auch Patrioten mit den gleichen nationalen Empfindlichkeiten. Außerdem fürchteten sie, bei erkennbarer Nachgiebigkeit auf Kongressen anschließend zu Hause als Verräter angefeindet zu werden. *Die Friedensbewegung war ja noch eine zarte Pflanze, man mußte ihr jeden allzu rauhen Luftzug fernhalten. […] Uns Österreichern gelang es, die ausländischen Kollegen zu überreden, dieses heikle Thema nicht zu berühren.*[174] Aus dem Abstand der *Memoiren* wirkt die Schlichtung mühelos; anders aus der Nähe zum Geschehen. Carneri, im Frühstadium der Friedensarbeit die Hauptseelenstütze neben dem Gefährten Artur, erfuhr in einem Brief: *Wie hab ich mit diesen Elsässern vor den Sitzungen parlamentiert, geschmeichelt, Krallen gezeigt und die schließlich*

Henri Dunant, der Begründer des Roten Kreuzes (oben). Frédéric Passy, der 1901 zusammen mit Henri Dunant den ersten Friedensnobelpreis erhielt (unten)

«herumgekriegt». Aber nicht durch Frauenkünste – Du Erzzweifler –, sondern durch die Macht der Logik.[175] Bei den territorialen Zankäpfeln der Großmächte gab es auch künftig im Friedenslager keine Ruhe, nur Atempausen auf der Grundlage der Kompromißformel, wie sie in Rom durchgesetzt worden war: *Wir sagen nicht, wo in den schwebenden Konflikten das Recht liegt, wir wollen nur [...] einfach darüber schweigen. Nur auf diese Weise können Franzosen und Deutsche gemeinsam für den Endzweck arbeiten.*[176]

Es ging nicht spannungsfrei, ebendieser Zwietracht wegen. Der Komplex Elsaß-Lothringen gehört zu den klassischen Beispielen unauflösbarer Gegensätze, jedenfalls für die damalige Zeit, und macht anschaulich, warum dem Bemühen um friedlichen Ausgleich gerade hier enge Grenzen gezogen waren. Wo «das Recht lag», war gar nicht genau zu bestimmen. Territoriale Streitfragen erscheinen immer dann unentwirrbar, wenn legitime Ansprüche von beiden Seiten eingebracht werden, unter Berufung auf die Zeugin Geschichte.

Elsaß und Lothringen hatten seit dem Hochmittelalter zum Reich gehört, wobei Elsaß obendrein – diesseits der Sprachgrenze gelegen – im deutschen Kulturbereich wurzelte. Die Einverleibung ins französische Königreich unter Ludwig XIV. aufgrund fragwürdiger Rechtsansprüche veränderte trotzdem langzeitlich das Zugehörigkeitsgefühl. Neunzig Jahre nach der Wegnahme Straßburgs nahm Goethe dies in der Landeshauptstadt schon deutlich wahr, in Sesenheim nicht. Die Revolution beschleunigte den Anpassungsprozeß, indem sie den modernen französischen Staatsbegriff in die Grenzprovinz exportierte. Daß die Marseillaise in Straßburg entstand, war eine Kreation mit Symbolwert.

Der Deutsch-Französische Krieg 1870/71 traf westlich des Oberrheins auf eine eigentümlich gespaltene Bewußtseinslage: deutsche Kultur und Sprache in Eintracht mit dem französischen Staatsgedanken. Unter solchen Umständen wären die Bewohner von sich aus wohl gern im vertrauten Zustand geblieben, ähnlich den Schweizer Bergbauern in der Rütli-Szene des «Tell»:

Nicht tragen sie verwegne Neuerung
Im altgewohnten gleichen Gang des Lebens.

August Bebel hatte vermutlich recht, als er im Reichstag warnte, daß «die ganze Bevölkerung entschieden gegen diese Annexion ist»[177]. Aber beide Seiten wurden von der Geschichte eingeholt. Die früheren französischen Kriegszüge nach Süddeutschland standen vor allem den Militärs um Kaiser Wilhelm vor Augen. Nun wollten sie das Einfallstor sperren. Daher die Äußerung des Historikers Leopold von Ranke gegenüber dem französischen Politiker Adolphe Thiers, Deutschland führe Krieg gegen Ludwig XIV. Bismarck mußte als Patriot zugestehen und durchsetzen, was er als Diplomat lieber vermieden hätte: den Anspruch auf die Festung Metz mit französischem Umland.

So sprachen auf deutscher Seite alle Gefühlsregungen und die strategischen Beweggründe für die Wiedereingliederung des Brückenlandes Elsaß und einiger Teile Lothringens ins Deutsche Reich. Nur die schlichte Vernunft, zu deren Sprecher Bebel sich berufen sah, riet dagegen, denn: «[Es] wird Deutschland keineswegs Nutzen und Vorteil bringen, diese Annexion zu vollziehen. Es wird auf der anderen Seite sehr viel dazu beitragen, die Feindseligkeit zweier der edelsten Nationen zu verlängern.»[178]

Über die Tage von Rom schrieb die prominente Österreicherin, die seither endgültig der internationalen Öffentlichkeit angehörte, noch unter dem großen Eindruck: *Der Widerhall […] hätte lauter kaum gewünscht werden können. Wenn man erwägt, wie fast unbemerkt die Friedenskongresse von 1889 und 1890 vor-*

übergegangen sind und welch allgemeines Aufsehen der diesjährige hervorgerufen hat, so läßt sich hoffen, daß […] einer der nächsten zu einem Welterereignis sich gestalte.[179] Bezeichnende Zeilen für Bertha von Suttners Erwartungshaltung, die bei jedem ermutigenden Anzeichen leicht ins Enthusiastische geriet. Das wiederholte sich auch künftig trotz häufiger Resignationseinbrüche vor den sich höher türmenden Widerständen. Die folgenden Friedenskongresse fielen allesamt nicht mehr so strahlend aus. Ein *Weltereignis* wurden sie nie.

Die Präsidentin der Österreichischen Friedensgesellschaft übernahm eine weitere ehrenamtliche Aufgabe: als Vizepräsidentin des jetzt gegründeten Büros der Friedensgesellschaften in Bern. Zum Präsidenten berief man Elie Ducommun, gleichfalls ein späterer Träger des Friedensnobelpreises. Und noch ein zukünftiger Ritter dieses Verdienstadels trat jetzt hervor: der junge Publizist Alfred Hermann Fried in Berlin, gebürtiger Wiener. Über zwanzig Jahre jünger als die Verfasserin des Romans *Die Waffen nieder!*, redigierte er seit 1892 eine Monatszeitschrift unter ebendiesem Namen, acht Jahre lang. Später hieß sie dann «Friedenswarte». Die Namenstifterin und Herausgeberin des pazifisti-

Alfred Hermann Fried

schen Periodikums steuerte monatlich einen eigenen Beitrag bei. Ihren jungen Verehrer, der ihr engster Mitarbeiter wurde, mußte sie darin zügeln, Personenkult zu treiben, vor allem das Anpreisen ihrer Bücher in der eigenen Zeitschrift zu unterlassen. *Das Blatt soll doch kein Reklameinstitut für die Herausgeberin werden.*[180] Aber allenthalben wurde beifällig aufgenommen, daß die internationale Liga der Waffengegner nun ein Sprachrohr besaß, unter dessen programmatischem Titel ihre Bestrebungen auch zwischen den Kongressen ständig Ausdruck fanden. Geschaffen war damit, wie die Herausgeberin die Stimmung von drinnen und draußen zusammenfaßte, *endlich das Langgewünschte*[181].

Die zweite Front

«Was mit ihnen g'schehen soll? Nach Palästina jagen oder umbringen kann man's leider nit. Aber verhindern kann man's, daß Richter oder Lehrer werd'n – nix kaufen soll man in die jüdischen G'schäft – und wenn mögli, die Güter von die Reichen – von die Rothschilds und dergleichen – einziehn. Und kan Umgang mit ihnen haben – auch mit die Getauften nit – –.»[182]

Auf Parteiversammlungen im Wiener Vorort Margarethen klangen die antisemitischen Ausfälle natürlich vulgärer als aus dem Munde des Wiener Bürgermeisters Karl Lueger, aber in der Willensrichtung des Ausgrenzens bestand kein Unterschied, da waren Volk und Führer eins (der scharf antisemitische und radikal alldeutsche und deutschnationale niederösterreichische Parteiführer Georg Ritter von Schönerer wurde unter seinen Anhängern, zu denen der junge Hitler zählte, bereits «der Führer» genannt). In den frühen achtziger Jahren war Heinrich von Treitschkes böser Ausruf in Berlin, «Die Juden sind unser Unglück»[183], nach Österreich gedrungen. Dort verbreitete sich, hemmungsloser als in Deutschland, eine Judenfeindlichkeit, deren Programmatik und Wortmaterial um so erschreckender wirkt, als von heute aus mit hineingelesen wird, was daraus hervorgegangen ist.

Bertha von Suttners Belletristik seit den neunziger Jahren spiegelt diesen Klimawechsel im Land. Ein direktes Einblenden in den Radau-Antisemitismus der Vorstadtkneipen, wie hier in einem Roman von 1903, kommt allerdings selten vor. Eher finden wir die Wiedergabe antijüdischer Gesinnung in feineren Ausdrucksmitteln: in den adligen Gesellschaftskreisen, die die Autorin vorzugsweise abbildet.

Das von neuem wuchernde christliche Zivilisationsgebrechen wurde aber im Hause Suttner nicht nur erzählerisch behandelt, sondern durch einen regulären Verein bekämpft. Die Initiative dazu war im Jahr 1891, noch vor der Gründung der Österreichischen Friedensgesellschaft und vor dem römischen Kongreß, von Artur Gundaccar ausgegangen. Er hatte zusammen mit Gleichgesinnten diesen Verein gegründet aus dem Empfinden heraus, daß glaubwürdiges Wirken für internationale Befriedung die nationale voraussetze. Wie dürften wir erwarten, daß die Völker und ihre Regierungen von ihren grenzüberschreitenden Aggressionen ablassen, wenn die Feindlager selbst im eigenen Land ihre Gräben und Stacheldrahtverhaue ziehen? «Bevor wir jedoch den Frieden nach außen zu erreichen vermögen, müssen wir den Frieden nach innen herstellen», erläuterte Artur von Suttner das Vereinsziel.[184] Es war gleichsam die zweite Front der österreichischen Pazifisten, die hier eröffnet wurde. Der Freiherr verfaßte dazu einen Aufruf, den die «Neue Freie Presse», Meinungsführerin der liberal Gesinnten, im Juli 1891 abdruckte. «In einem Zeitalter», so lautet ein Abschnitt, «da man Vereine gründet, um Tiere vor Mißhandlungen zu schützen – und das mit vollem Recht –, ist es, denke ich, nur logisch, endlich auch einmal gegen die Mißhandlung von Mitmenschen Stellung zu nehmen, umso mehr, als es nicht bei Attentaten gegen die Ehre blieb, sondern zu Tätlichkeiten kam, die unseren jüdischen Mitbürgern allen Grund gaben, für die Sicherheit ihrer Existenz zu fürchten.»[185]

Besonderen Anstoß bei den Antisemiten erregte die Formel von «unseren jüdischen Mitbürgern». Sie bestritten ja gerade diese Zugehörigkeit. Als der Historiker Theodor Mommsen in Berlin seinem Kathedernachbarn Treitschke mit schneidendem Sarkasmus entgegengetreten war, hatte er den Zweiflern am Deutschsein der deutschen Juden entgegengehalten: «Sie sind es ja, so gut wie er und ich» und ironisch angemerkt: «Allerdings wird von der deutschen Nation noch allerlei mehr abfallen als die Kinder Israel, wenn ihr heutiger Bestand nach Tacitus' Germania durchcorrigirt wird.»[186]

Die Juden ihrerseits, zumindest die alteingesessenen, fühlten

Orthodoxe Juden in Wien

sich vielfach ihrer Herkunft entfremdet, betrachteten sich der heimischen Kultur angeglichen, assimiliert. Demgemäß hatte Bertha von Suttner noch 1889 im *Maschinenzeitalter*, zehn Jahre nach Treitschkes Alarmgeschrei und ungeachtet der schrillen Ausfälle Schönerers, vom voraussehbaren Ende des Antisemitismus gesprochen: einfach aus Gründen der vermeintlich bald gänzlich vollzogenen Assimilation.[187] Skeptischer blickte da der jüdische Dichter Arthur Schnitzler in seinem Roman «Der Weg ins Freie», allerdings neunzehn Jahre später, 1908: «Ich bin zwar nicht getauft, aber allerdings bin ich auch nicht Jude», spricht ein Wiener namens Nürnberger. «Ich bin längst konfessionslos geworden; aus dem einfachen Grunde, weil ich mich nie als Jude gefühlt habe.» Der Gesprächspartner Ehrenberg sah das Angepaßtseinwollen nüchterner: «Wenn man Ihnen einmal den Zylinder einschlagt auf der Ringstraße, weil Sie, mit Verlaub, eine etwas jüdische Nase haben, werden Sie sich schon als Jude getroffen fühlen, verlassen Sie sich darauf.»

Höhnisch verwiesen die Antisemiten beim Zugehörigkeitsbegehren und Heimatanspruch der einheimischen Juden auf die scharenweise hinzuströmenden aus Rußland, Galizien, Mähren. Oft im Kaftan, immer arm, wirkten sie fremdartig selbst auf diejenigen im Lande, die ihren Glauben teilten, erst recht auf die, die ihn verloren hatten. Aus solchen Gegensätzen und Unvereinbarkeiten, welche in der Metropole des Vielvölkerstaates natürlich greller hervortraten als in einem relativ geschlossenen Staatswesen wie Deutschland, und aus den massiven Widerständen der Antijüdischen jeglicher Couleur gewann der Zionismus Zuspruch und Antrieb.

Sein großer Beweger und Organisator Theodor Herzl war so deutschverbunden gewesen, daß er sogar seine ungarische Muttersprache aufgegeben hatte. Als die Antisemiten in der französischen Armee Mitte der neunziger Jahre in dem angeblich für Deutschland spionierenden jüdischen Artillerie-Hauptmann Dreyfus ihr willkommenes Feind- und Haßobjekt gefunden hatten, völlig zu Unrecht, gelangte Herzl, damals Pariser Korrespondent der «Neuen Freien Presse», zu der Erkenntnis, daß Assimilation auf die Dauer unmöglich sei. Wenn solche Vorgänge sogar im Ursprungsland der Emanzipation der Juden und der Erstproklamation der Menschenrechte geschahen ... Von da an war Herzl natürlich auch gegenüber den Entwicklungen in Österreich wach und mißtrauisch. Sie aus nächster Nähe zu beobachten, gab ihm seine Tätigkeit Gelegenheit genug: als Feuilletonchef seines Blattes in Wien (seit 1895).

Noch von Paris aus hatte Herzl dem Verein des Freiherrn Suttner aufs deutlichste bescheinigt, daß er ihn für nutzlos halte. Nach seiner «inneren Wende» glaubte er sagen zu müssen, die Zeit sei vorüber, in der man mit liebenswürdigen und bescheidenen Mitteln gegen die Feindschaft etwas ausrichten könne; der Verein komme um zehn bis zwölf Jahre zu spät. Dessen Presseorgan, mit wöchentlichem Erscheinen, hieß «Freies Blatt» und wurde vornehmlich von dem Baron Friedrich von Leitenberger finanziert. Anfänglich war auch er optimistisch, die Judenfeindlichkeit könne mit diesen Mitteln wirksam bekämpft werden, und war um so ent-

Theodor Herzl

täuschter von Herzls Absage. Umgekehrt polemisierte das «Freie Blatt» gegen den Zionismus, war ganz assimilantisch eingestellt. So standen die Verteidiger der Juden und die Zionisten mit gegensätzlichen Auffassungen in getrennten Lagern statt beieinander. Während Leitenberger seine und die Suttnerschen Grundgedanken in den Worten zusammenfaßte, man müsse die Antisemiten bekämpfen, «damit der Schandfleck von unserem Wien und dem schönen Österreich verschwinde», notierte Herzl ungerührt: «Mit Deklamationen auf dem Papier und in geschlossenen Zirkeln ist nicht das mindeste ausgerichtet, es wirkt sogar komisch [...]. Die edle Bertha von Suttner ist im Irrtum – freilich in einem Irrtum, der sie hoch ehrt –, wenn sie glaubt, daß ein solches Komitee helfen kann.» [188]

Ihre Kampfmittel wirkten in der Tat zuweilen belustigend und naiv. Der Hetzparole «Kauft nicht bei Juden!», die von vielen Frauen befolgt wurde, setzte sie die Antithese entgegen: *Liebt nicht bei Antisemiten!* [189]; womit sie – vielleicht unbewußt – die Aristophanische Komödie Lysisthrata vom Peloponnesischen

Krieg auf die Gegenwart übertrug. Ein solches Rezept erotisch-sexueller Verweigerung paßte wohl in ein Lustspiel, nicht in die Wirklichkeit weltanschaulicher Leidenschaften. Bei derlei Verhetzungen greift kein Argument der Vernunft, auch nicht ein so einleuchtendes wie im Roman *Schach der Qual* von 1899: *Eine vorsorgliche Sanitätsbehörde geht täglich auf den Marktplatz zu prüfen, ob der Bevölkerung nicht etwa schädliche, gefälschte oder auch gewässerte Milch verabreicht werde. Aber jeden Morgen werden unbeanstandet viele hunderttausend Exemplare von mit Geist- und Herzensgift gefüllten, lügengefälschten Geistesnahrungsmitteln aus den Zeitungsexpeditionen in das Volk gestreut.*[190]

Es nützte alles nichts. Nur ein halbes Jahrzehnt vegetierte die Zeitschrift des Vereins gegen den Antisemitismus. Dann verlor der Geldgeber die Geduld, das Verlustgeschäft fortzusetzen. *Die Gegner haben sich als stärker erwiesen*[191], stellte Bertha von Suttner resignierend fest. Erfolgreicher erwies sich Herzls eigene, ein Jahr später, 1897, gegründete Zeitschrift «Die Welt». Hinter dem Zionismus stand eben inzwischen mehr Antriebskraft und Zuversicht. Hier stritt man für etwas, nicht nur gegen etwas, verteidigte nicht bloß, sondern entwarf ein Zukunftswerk, folgte einer Vision. Neidlos schrieb Bertha von Suttner an den Zionismus-Gründer, den sie wegen seines majestätischen Äußeren mit einem *assyrischen König* verglich[192]: *Die «Welt»-Probenummer und überhaupt Ihr ganzes Vorgehen flößt mir großen Respekt ein. Herz ist drin; Offenheit, Klarheit, tiefer, fester Wille – der Blick auf Großes und Helfendes gerichtet.*[193]

Noch galt ihre Achtung erst nur der Person, nicht dem Vorhaben; da sträubte sich ihr überwundenes nationales Bestreben gegen das beginnende nationale, selbst wenn die zionistische Sache zunächst nicht weniger «grenzenlos» verfochten wurde als die Friedenssache. *Und ich weiß wirklich nicht, ob Assimilation nicht besser wäre als eine neue Staats- und Nationalitätsgründung. Ich wollte ja, daß alle vernünftigen Menschen sich dem höheren Typus «Europäer», «Kulturmensch» assimilierten, der jetzt im Werden begriffen ist und der über die nationalen, religiösen, sozialen Eigendünkeleien und Fanatismus hinaus ist.*[194] Aber schon war der Tonfall nicht mehr ganz überzeugt, schlichen sich im weiteren Verlauf dieses Grußwortes Zweifel ein, ob Herzls Weg im gegenwärtigen Stadium der Weltlage nicht doch der segensreichere sei. Herzl, mit der Unbedingtheit aller Gründernaturen und Propheten, dachte nicht daran, die Huldigung mit Rücksicht zu belohnen, bei allem menschlichen Respekt für die nichtjüdischen Verteidiger der Juden: «Der Verein zur Abwehr [des Antisemitismus] kann uns noch ein Gutes tun, wenn er sich auflöst. Wir werden diesen edel denkenden Männern erst danken können, wenn sie nicht mehr unseretwegen beisammen sind.»[195]

Im Hause Suttner setzte Umdenken ein. Nach der Lektüre der programmatischen Schrift «Der Judenstaat» vermerkte Bertha über Artur: *Ist ganz Zionist geworden.*[196] Er schrieb nun ebenfalls einen Brief an Theodor Herzl, worin er eingesteht, daß er den geplanten Auszug der Juden aus Europa lange Zeit eingeschätzt habe wie denjenigen aus Ägypten: als großen Verlust für die Zurückbleibenden, «denn ich halte das Judentum für eine der wichtigsten Lebensquellen in diesem alten, siechen Körper, Europa genannt». Aber es gebe kein privilegiertes Europa, «dem zuliebe die Juden sich sogar schinden lassen müssen». Jetzt gestehe er ganz offen zu: «wäre ich Jude, ich stellte mich heute mit meiner ganzen Kraft auf Ihre Seite»[197].

Bertha blieb nicht lange dahinter zurück. Noch vor dem ersten Zionistenkongreß 1897 in Basel versicherte sie dem Rufer und Organisator: *Als Rettung von Elend und Verfolgung, als stolzes Aufbäumen gegen angetanen unerhörten Schimpf und vor allem als Schaffung eines Zufluchtsortes – so verstehe nun ich die Aufrichtung des Reiches Zion.*[198]

Der Künder Neuisraels starb 1904, erst vierundvierzigjährig, an Herzversagen. Sieben Jahre zuvor hatte er festgehalten: «In Basel habe ich den Judenstaat gegründet. Wenn ich das heute laut sage, würde mir ein universelles Gelächter antworten. Vielleicht in fünf Jahren, jedenfalls in fünfzig wird es jeder einsehen.»[199] Es wurden einundfünfzig.

Der überschätzte Zar

«Die Waffen sind unheilvolle Geräte, nicht Geräte für den Edlen. Darum will der, der den rechten Sinn hat, nichts von ihnen wissen.» Worte des Denkers Laotse im «Taoteking» aus dem chinesischen Altertum. Weit über 2000 Jahre vergingen, bevor die «Edlen» aus ihrer Vereinzelung heraustraten und eine Öffentlichkeit bildeten, wenn auch nur mit begrenztem Einfluß. Wohl fanden sie viele Anhänger, die sich zu Verbänden zusammenschlossen, durften auf Zustimmung selbst breiterer Schichten zählen, doch die veröffentlichte Meinung der maßgeblichen Zeitungen spiegelte weit mehr die Interessen der Herrschaftseliten: hochgerüstete Wachsamkeit, bewaffneter Friede, heilige Grenzen, unantastbare Staatshoheit. Kosmopolitisches Unterwandern des standhaften Selbstgefühls, pazifistisches Rütteln an den Sicherheitsbarrieren – derlei Gesinnungserweichungen konnten angeblich dem Vaterland nur schaden.

Bei solcher weithin geordneten Zweiteilung des Staatslebens in patriotische Beharrende und vaterlandslose Störenfriede mußte es sensationell wirken, daß plötzlich von mächtigster Seite, von einem Repräsentanten gepanzerter Macht, das Signal erging: Mindern wir die Rüstung, berufen wir eine große Konferenz ein, um Regeln zu entwerfen, mit deren Hilfe Streitfälle friedlich gelöst werden können! Der Rufer, der alle überraschte, am meisten die Friedensvereine, war der Zar in Petersburg. Datum: 28. Mai 1898. Graf Murawjew, Außenminister Nikolaus' II., über-

Zar Nikolaus II.

gab das Manifest den am Zarenhof akkreditierten Botschaftern und Gesandten. Viele von ihnen müssen wohl recht verblüfft gewesen sein, daß gerade vom Bewegungszentrum einer stets auf Machtausdehnung gerichteten Monarchie solche Anstöße ausgingen: «Die Aufrechterhaltung des allgemeinen Friedens», so lasen sie, «und eine mögliche Herabsetzung der übermäßigen Rüstungen, die auf allen Nationen lasten, stellen sich in der gegenwärtigen Lage der ganzen Welt als ein Ideal dar, auf das die Bemühungen aller Regierungen gerichtet sein müßten [...]. Durchdrungen von diesem Gefühl, hat Seine Majestät geruht, mir zu befehlen, allen Regierungen den Zusammentritt einer Konferenz vorzuschlagen, die sich mit diesen ernsten Fragen zu beschäftigen hätte [...].»[200]

Bertha von Suttner schreibt in ihren *Memoiren*, zehn Jahre danach: *Ich erinnere mich, die Stunde, die wir, der Meine und ich, nach Eintreffen dieser Botschaft [...] miteinander verbrachten, das wunderbare Ereignis nach allen Seiten kommentierend, war eine der schönsten Stunden meines Lebens.*[201] So mußte jemand empfinden, der nicht nur ein allerhöchstes Echo zähester eigener Bemühungen vernahm, sondern überdies vor einiger Zeit wie in einem Anflug von prophetischem Gesicht fast genau diese politische Wendung vorausbeschrieben hatte. Im Roman *Schach der Qual* von 1897 wird eine *von den Machthabern selber einberufene internationale Friedfertigungskonferenz* – so eigentümlich die Formel – beschrieben. *Auf die Initiative eines der mächtigsten Staatsoberhäupter Europas* ist die Konferenz zustande gekommen.[202] Also exakt das Szenarium, das die Autorin nun aus der vorausahnenden Phantasie in die Tatsachenwelt übertragen sah. So ist vielleicht zu verstehen, daß sie sich damals in der vereinseigenen Monatsschrift zu Höhenflügen der Bewertung und Zuversicht erhob, die sie trotz der Rückschläge im folgenden Jahrzehnt noch in den *Memoiren* für zitierenswert hält: *Das Geleise der gewohnten diplomatischen Phrasen, welche nichts sagen, ist ein für allemal verlassen. Die Friedensbewegung ist also jetzt – so haben wir es dennoch erlebt! – in die Sphäre der Vollbringer eingegangen.*[203]

Das Tagebuch zur gleichen Zeit: *Friedensmanifestation des Zaren! Dadurch wird ja unsere Bewegung um tausend Meilen vorgerückt. Freudig erregt – schlaflose Nacht! Einmal schlaflos vor Freude.*[204] Ihr Glücksgefühl rührte aus der schon früher geäußerten Einsicht, daß die Friedensbewegung selbst nicht den Krieg ab-

Der Zar als Tenorist.

Karikatur zur Friedensinitiative des Zaren

Die Stimme ist sympathisch, ja aber viel zu klein für das Orchester.
(Ulk.)

schaffen, lediglich auf das Wollen der Mächtigen einwirken könne. *Nur wer die Macht in Händen hat, kann die Ideen in Tat umsetzen.*[205] Und hier war die Macht ja offenbar erstmals bereit dazu.

Schnell wurde bekannt, daß Nikolaus' Initiative wesentlich auf die Einflüsse des russischen Eisenbahnmagnaten und Pazifisten Johann von Bloch zurückging. Bloch, der europäischen Friedensbewegung schon länger fördernd verbunden, hatte 1892 ein sechsbändiges Werk veröffentlicht: «Der Zukunftskrieg, vom technischen und politischen Standpunkt aus betrachtet». Der Wirtschaftsfachmann erkannte in den neuen Kriegstechniken eine derartige Ausweitung der zerstörerischen Möglichkeiten, daß das Gemetzel ökonomisch nicht durchzuhalten sein werde, sozial auch nicht. Noch vor Kriegsende würden im Innern Revolutionen ausbrechen – was mit dem Blick jedenfalls auf das eigene Land stichgenau vorausgesehen war.

Das österreichische Außenministerium erhielt Hintergrundinformationen aus Petersburg. Bloch habe die Suttnerschen Ideen rein militärisch-wissenschaftlich verarbeitet und vertieft. Nach erster, zweistündiger Audienz beim Zaren sei er noch weitere fünfmal empfangen worden.[206] Später fügte Bertha von Suttner in einem Zeitschriftenartikel noch das Detail hinzu, daß der Verfasser der großen Antikriegsanalyse den Zaren mitten unter Karten und Tabellen, die auf mehreren Tischen ausgebreitet lagen, vorgefunden habe. Nach endlosen Auskünften sei Herr von Bloch schon ganz müde gewesen, *aber unermüdlich und mit gespanntestem Interesse fuhr der Kaiser fort zu fragen und zu kommentieren*[207].

Der Souverän, so ist hieraus zu schließen, hatte die Grundgedanken seines Manifests zuvor aus wirklicher Vertiefung in die Materie gewonnen und war mit ungeheucheltem Friedenswillen hervorgetreten. Da er kaum von sich aus das Buchgebirge des Industriellen erklommen, ja, überhaupt Kenntnis davon erlangt hatte, ist zu fragen, aus welchen Beweggründen er von seinen Beratern dahin gelenkt worden war. Selbst absolute Monarchen umgab ein Netzwerk von Abhängigkeiten, deren oberster Richtwert – die Staatsräson – auch den Zaren eher gelenkt als lenkend erscheinen ließ. Diese abstrakte, auslegbare Größe Staatsräson gebot offenbar gerade jetzt auf russischer Seite Mäßigung in Dingen des Kriegshandwerks. Im Haus-, Hof- und Staatsarchiv in Wien lagern Berichte von seiten der österreichischen Geschäftsträger in den europäischen Hauptstädten über die damalige Stimmung und Motivsuche unter den anderen Diplomaten.[208]

Im Blickfeld stand hauptsächlich Rußlands Kapitalbedarf für die ehrgeizigen Pläne des Verkehrs- und Finanzministers Graf Witte. Er förderte in großem Stil die Industrialisierung und trieb den Bau der Transsibirischen Eisenbahn voran. Die Kosten dafür gingen der Rüstung ab, es sei denn, das Ausland half. Das Ausland aber wollte nicht den russischen Bären mästen, da seine Pranken schon gefährlich genug erschienen. So wurden allgemein hinter dem Manifest akute Sachgründe vermutet. Wenn man selbst gezwungen war, die Umdrehungszahlen der Kriegsmaschine zu drosseln, sollte auch das Ausland die Rüstung mindern. Das schien die Denkrichtung der gerade tonangebenden Fraktion am Zarenhof zu sein. Sie hatte die humanitären Ideale des Herrschers in ihren Dienst gestellt.

Bei den europäischen Regierungen und bei den meisten Zeitungen überwogen Skepsis, Mißtrauen, Vorsicht. Aber nicht nur dort. Der russische Schriftsteller und Soziologe Nowikow zum

Beispiel urteilte aus der Persönlichkeitsstruktur seines Oberherrn. Er besaß wenig Zutrauen in die Standfestigkeit eines Mannes, dem seine deutsche Gemahlin Alexandra einmal in anderen Zusammenhängen geschrieben hat: «Wie sehr wünschte ich, meinen Willen in Deine Adern fließen lassen zu können …»[209] Daher die Zurückhaltung Nowikows in einem Brief an Bertha von Suttner. Was er von dem Manifest denke? «Erstens, daß wir alle, die wir […] eines Sinnes sind, Nikolaus II. mit aller Kraft unterstützen sollen; nicht nur gegen seine Gegner, sondern auch gegen seine eigene Person. Das Unternehmen ist von großer Schwierigkeit. Er könnte vor den Hindernissen den Mut verlieren. Dann wird es nötig sein, daß die liberale Meinung Europas und besonders die Friedensvereine ihm eine unermüdliche, nimmerwankende Mitarbeit leisten.»[210]

Die Zurückhaltung erwies sich als berechtigt. Als die befürchteten Hindernisse sichtbar wurden, in Gestalt einer «schlechten Presse» im Ausland oder der Unbeirrbarkeit des deutschen Kaisers mit seiner Leidenschaft für schwimmenden Kruppstahl, da gewann die vorübergehend mundtot gemachte Kriegspartei in Petersburg wieder die Oberhand. Sie machte Nikolaus schwankend, so daß Rußlands weitere diplomatische Vorstöße schon wieder mehr dahin gingen, den Krieg zu humanisieren, als ihn gar nicht erst ausbrechen zu lassen.

Dennoch wurde 1899 eine Friedenskonferenz in Den Haag einberufen, die erste ihrer Art, weil es hier nicht um Friedenssuche bei währendem Kriege ging, also nicht um praktische Konfliktlösung, sondern um theoretische. Die Vertreter der beteiligten Länder wollten Regeln finden für Schlichtungsprozesse im Vorfeld von Gewalt, zugleich einen tatsächlichen Kriegsverlauf in seiner willkürlichen Eigendynamik zügeln, etwa durch das Verbot bestimmter Explosivstoffe und durch Zusatzklauseln zur Genfer Konvention.

Bertha von Suttner, die sich an dem ganzen Prozeß der Gewaltminderung wesentliche Mitverdienste anrechnen durfte und der großen Zusammenkunft freudig entgegensah, war dabei nicht blind für all die hemmenden Faktoren und notierte vor Beginn des Kongresses: *[…] die Herbstmanöver werden vorbereitet – die große gewaltige Maschine klappert fort.* Doch tröstete sie sich mit einem ihrer treffenden Bildvergleiche: *Daraus zu schließen, daß sie ewig klappern müsse und daß es mit den Friedensinstituten*

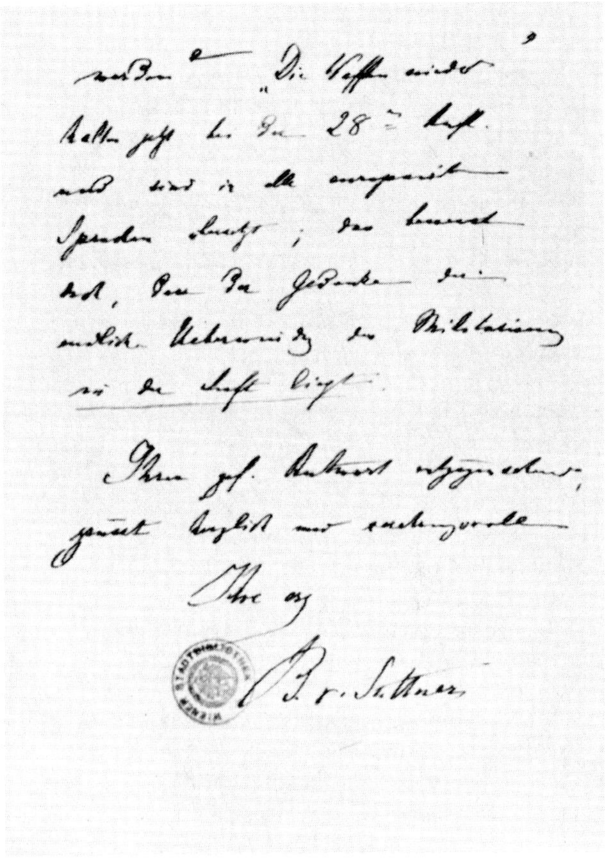

Letzte Seite eines Briefes von Bertha von Suttner
an Karl Emil Franzos, 1898

nichts sei, wäre gerade so, als wenn man angesichts der weiter gepflegten Gestüte, der weiter geprügelten Zugpferde […] sagt: Mit dem Automobilismus ist's nichts.[211]

Das Nächstliegende und Heißerwünschte, im Haag mit dabeizusein, schien an anderem Nächstliegenden zu scheitern, am Geld. In Harmannsdorf gingen Pfändungskommissionen ein und aus. Das Gut war überschuldet. Bilder, Möbel mußten veräußert werden, um Gläubiger zu befriedigen. Nicht einmal Fahrten ins relativ nahe Wien gelangen ohne Rechenkunststücke – wie dann in die fernen Niederlande? Schließlich erlöste Theodor Herzl seine Streitpartnerin aus der Ungewißheit und entsandte sie als Korrespondentin für sein Blatt «Die Welt». Glücklich antwortete sie: *Also ich gehe nach dem Haag. Wann gehen Sie nach Jerusalem?*[212]

An der Eröffnung am 18. Mai 1898 – man hatte beziehungsvoll den 30. Geburtstag des Zaren gewählt – nahm sie teil als einzige Frau. *Was ich hier empfand ... es war wie die Erfüllung eines hochfliegenden Traumes. «Friedenskonferenz»! Zehn Jahre lang ist das Wort und die Sache verlacht worden – ihre Teilnehmer, machtlose Privatleute, gelten als «Utopisten» (beliebteste, höfliche Umschreibung für «verrückte Käuze») –, jetzt versammeln sich auf den Ruf des gewaltigsten Kriegsherrn die Abgesandten aller Machthaber, und ihre Versammlung führt denselben Namen: «Friedenskonferenz».*[213]

Der Stellenwert, den die Autobiographin in ihren Lebenserinnerungen der Ersten Haager Konferenz trotz aller nachfolgenden Enttäuschungen einräumt, läßt sich daran ablesen, daß sie dem Ereignis – mit Vorlauf und Nachbetrachtung – nicht weniger als 75 Druckseiten widmet. Die Enttäuschungen hatten schon am ersten Sitzungstag begonnen mit dem unklugen Beschluß, die Journalisten von den Verhandlungen auszusperren. Folglich ließ die Aufgeschlossenheit der Redaktionen schnell nach. Der Chefredakteur des «Berliner Tageblatts», Artur Levysohn, schrieb abweisend, er halte sein Blatt und seine Leserschaft für zu gut, «um nach den Brosamen zu schnappen, die von dem Nachrichtentische der Kongreßmitglieder herabfallen könnten»[214]. Die Fachkollegin kommentiert den Brief, der an sie gerichtet war, verärgert: *Ein unverantwortlicher Standpunkt. Die Zeitereignisse haben je nach ihrer Bedeutung von der Presse mitgeteilt zu werden und nicht je nach den Empfindlichkeiten der Journalisten. Die Rücksicht auf das Publikum hat wohl den Ausschlag zu geben.*[215]

Sie selbst mühte sich nach Kräften, «nach Brosamen zu schnappen», um sowohl das Blatt ihres derzeitigen Brotherrn Herzl zu bedienen als auch die «Neue Freie Presse» zu versorgen, nachdem deren Redakteur Berthold Frischauer abgereist war. An Informationen fehlte es der nunmehr doppelt verpflichteten Korrespondentin nicht, weil sie eine Mittelpunktfigur des Kulissengewimmels war und auf diese Weise nur genau hinzuhören brauchte. Andere Presseleute interviewten sie, die Repräsentanten der Friedensgesellschaften pflegten untereinander und mit den Delegierten Austausch, Frau von Suttner wurde zusammen mit ihrem Mann zu zahlreichen Empfängen geladen beziehungsweise hielt ihrerseits hof. Das gesellige Leben am Rand der monatelangen Großveranstaltung stand in seiner Vielfalt wenig hinter dem Wiener Kongreß vor einem dreiviertel Jahrhundert zurück – nur, daß kein Metternich und kein Talleyrand die jetzige Tagungs- und Vergnügungsstätte mit zusätzlichen Glanzlichtern von Esprit erleuchteten.

Bertha von Suttner in ihrer derzeitigen Funktion als Journalistin erfuhr jedenfalls alles Wissenswerte, wobei sie aus Repräsentationszwängen und Repräsentationsfreude wie üblich wenig Rücksicht auf ihre angespannte Finanzlage nahm. Vor und nach Kongressen wurden viele echte Seufzer zu Papier gebracht, milde Gaben dankbar angenommen, aber bei den offiziellen Auftritten selbst wäre kein Beobachter auf den Gedanken gekommen, die elegante Salondame so bedrängt einzuschätzen. In dieser Blenderpose blieb sie das Kind ihrer Mutter.

Zum Stichwort Journalistin: Sie war nicht die erste Frau im deutschen Sprachraum, die für Zeitungen schrieb, aber die erste, die sich auf diesem Gebiet geradezu ausschweifend betätigte. Das wird leicht übersehen neben ihrem vorrangigen Bekanntheitsgrad als «Friedensbertha» – sie verwendete den ironisch empfangenen Beinamen gelegentlich selbst – und als Schriftstellerin. Ihre Biographin Beatrix Kempf hat eine Liste von Blättern zusammengestellt, Zeitungen und Zeitschriften, für die Bertha von Suttner Beiträge verfaßte, zum Teil regelmäßig und über lange Zeit: «Neue Freie Presse», «Neues Wiener Tagblatt», «Neues Wiener Journal», «Die Zeit», «Österreichische Rundschau», «Frankfurter Zeitung», «Berliner Tageblatt», «Die Woche», «New Yorker Staatszeitung», «Pester Lloyd», «Secolo», «Courier Européen». Anspruch auf Vollständigkeit besteht hierbei nicht; zum Beispiel fehlt ja Frieds «Die Waffen nieder!», ebenso Herzls «Welt» und das «Freie Blatt» seiner ungeliebten Verteidiger. Alles in allem: «Man ist verblüfft über den Umfang dieser journalistischen Tätigkeit»[216] – auch ein Kapitel weiblicher Berufseroberung, worin Bertha von Suttner zur Avantgarde zählt. –

Die mageren Konferenzergebnisse überraschten niemanden. Das beste Resultat lag in der Übereinkunft der 26 beteiligten

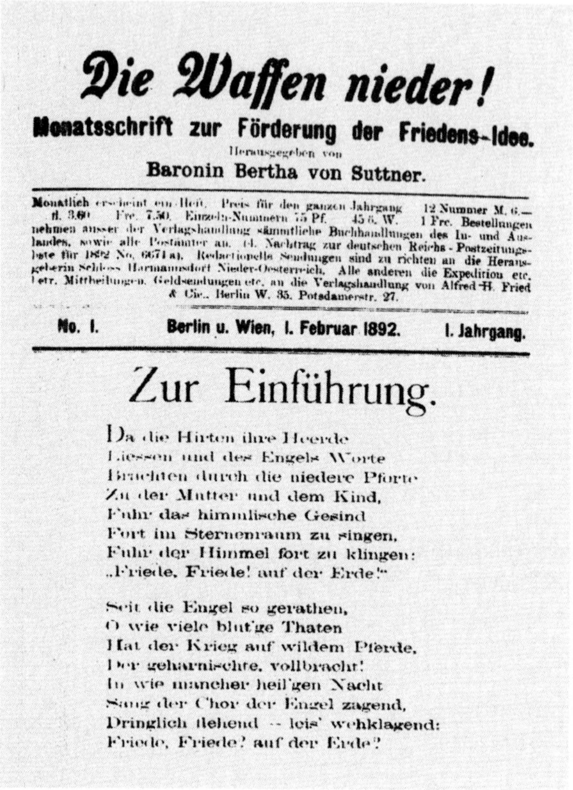

Die Waffen nieder!
Monatsschrift zur Förderung der Friedens-Idee.
Herausgegeben von
Baronin Bertha von Suttner.

Monatlich erscheint ein Heft. Preis für den ganzen Jahrgang 12 Nummer M. 6.— fl. 3.60 Frc. 7.50. Einzeln-Nummern 75 Pf. 45 ö. W. 1 Frc. Bestellungen nehmen ausser der Verlagshandlung sämmtliche Buchhandlungen des In- und Auslandes, sowie alle Postämter an. (4. Nachtrag zur deutschen Reichs-Postzeitungsliste für 1892 No. 6671 a). Redactionelle Sendungen sind zu richten an die Herausgeberin Schloss Harmannsdorf Nieder-Oesterreich. Alle anderen die Expedition etc. betr. Mittheilungen, Geldsendungen etc. an die Verlagshandlung von Alfred H. Fried & Cie., Berlin W. 35. Potsdamerstr. 27.

No. I. Berlin u. Wien, I. Februar 1892. I. Jahrgang.

Zur Einführung.

Da die Hirten ihre Heerde
Liessen und des Engels Worte
Brachten durch die niedere Pforte
Zu der Mutter und dem Kind,
Fuhr das himmlische Gesind
Fort im Sternenraum zu singen,
Fuhr der Himmel fort zu klingen:
„Friede, Friede! auf der Erde!"

Seit die Engel so gerathen,
O wie viele blut'ge Thaten
Hat der Krieg auf wildem Pferde,
Der geharnischte, vollbracht!
In wie mancher heil'gen Nacht
Sang der Chor der Engel zagend,
Dringlich flehend — leis' wehklagend:
Friede, Friede? auf der Erde?

Titelseite der von Bertha von Suttner herausgegebenen Monatsschrift «Die Waffen nieder!»

Mächte, hier am Ort ein ständiges Schiedsgericht zu schaffen. Das geschah auch, nur unterblieb von vornherein eine Qualifizierung jener Streitfälle, die pflichtgemäß zu verhandeln seien. Dadurch wäre schon wieder die geheiligte Souveränität eingeschränkt worden. Auf sie pochte am energischsten die deutsche Delegation, angeführt von dem achtundsiebzigjährigen Pariser Botschafter Münster. *Graf Münster behandelt mich als Luft.*[217] Die Tagebuchnotiz, in die *Memoiren* übernommen, kennzeichnet die ihm anbefohlene und streng eingehaltene Marschrichtung, wofür er den Fürstentitel empfing. Die kühl Übersehene spart denn auch nicht mit Vorwürfen an die Adresse Seiner Majestät, deren Säbelrasseln und Flottenmanie ihren ständigen Unmut reizte. *Und wer war an dem Nichtgelingen im Haag schuld? Wilhelm ganz allein. Aus der Drachensaat können immer wieder nur Drachen sprießen.*[218]

Nichtgelingen: Hier schlug das Pendel der Emotion nun wieder zu weit zur pessimistischen Seite aus, wie denn überhaupt die Stimmungsspannweite ein wenig an Egmonts Klärchen erinnert: himmelhoch jauchzend, zu Tode betrübt. Wäre jenes, in das eine Wort gepreßte Urteil ganz gerecht gewesen, dann hätte die Autobiographin des Jahres 1909 der Haager Friedenskonferenz des Jahres 1899 nicht so breiten Raum überlassen. Deren Hauptbedeutung für die Zeitgenossen – sie konnten nicht bis 1914 voraussehen – lag weniger im Festgeschriebenen als vielmehr darin, daß die Friedenssache erstmals nicht nur auf den Tagungen der Friedensgesellschaften zelebriert worden war. Deshalb vor allem hielt Bertha von Suttner die Ansicht aufrecht, daß Zar Nikolaus doch eigentlich dem Lager der Friedensfreunde zuzurechnen sei. Als anderwärts längst Enttäuschung überwog, hörte sie nicht auf, ihn zu überschätzen. Erst nach dem japanischen Überfall auf Port Arthur 1904 schleicht sich in einen Brief die Wendung ein *von der militärischen Raserei, die jetzt den Friedens-Nikolaus erfaßt*[219]. Aber im Herzensgrunde blieb sie überzeugt, wie noch 1913 hervorgehoben, daß er *dem Kriege abhold* sei[220]. Das traf wohl zu, nur besaß er eben nicht die Willenskraft, seine Kriegsfraktion zu bändigen.

Es ist nicht leicht, die Kräfteverhältnisse in dieser Hinsicht grundsätzlich und insgesamt an den europäischen Höfen und in den Kabinetten richtig einzuschätzen; leichter, die Stimmungen im Volk zu beurteilen, wofür es schon das Meßinstrument Volksbefragung gab. Vor der Jahrhundertwende veranstaltete die «Berliner Illustrirte Zeitung» eine Umfrage. Die letzte von 27 Erkundigungen lautet: «Was erhoffen Sie sich vom kommenden zwanzigsten Jahrhundert?» Nach der Auswertung der Leserzuschriften gab die Redaktion bekannt: «Die meisten Antworten treffen sich auf dem Gebiet des Weltfriedens.»[221] Man wird dieses Mehrheitsvotum nicht würdigen können ohne den Blick auf die Frage zwölf: «Welches ist die bedeutendste Frau des Jahrhunderts?» Nach der patriotischen Verbeugung der überwiegenden Leserschaft vor der frühverstorbenen Königin Luise und dem

Ehrerbietigkeitstribut gegenüber der langlebigen Queen Victoria im 62. Regierungsjahr folgen an dritter Stelle mit je gleicher Stimmenzahl: Bertha von Suttner und George Sand.[222]

«... keine lebenden Figuren»

«Geehrter Herr, wir akzeptieren mit Dank die uns freundlichst eingesandte hübsche Novelle und sehen mit Vergnügen weiteren Beiträgen aus Ihrer geschätzten Feder entgegen.»[223] Das Glücksgefühl des angehenden Literaten Otto Freiheim im *Schriftsteller-Roman* von 1888, seinen Traum vom Ruhm angesichts solch schmeichelnder Aufforderung hatte einige Jahre zuvor auch seine Bildnerin Bertha von Suttner (B. Oulot) erfahren. Und wenig später war ihr Name tatsächlich in aller Munde gewesen. Hatte die Schriftstellerin seit 1882 jedes Jahr eine literarische Arbeit vorgelegt, erzählend oder «sachbuchartig», so spornte der Durchbruch von 1889 erst recht dazu an. Mit bestechender Präzision hielt sie das Kalender-Schrittmaß durch, mit wenigen Ausnahmen bis 1912. Diese Beharrlichkeit beeindruckt um so mehr, als jedes Druckwerk der zeitverschlingenden Friedensarbeit abgerungen werden mußte, also auch dem Schlaf und der Notwendigkeit auszuspannen. Dabei überrascht dann nicht, daß die robuste, selten von Krankheit heimgesuchte Konstitution davon unterhöhlt wurde, bis die letzten Kraftreserven nur eben ausreichten, das 71. Lebensjahr zu vollenden.

Weniger der Ehrgeiz führte später die Feder als der Zwang zum Lebensunterhalt – soweit es um Belletristik ging – und das Pflichtgefühl, in der Friedenskampagne nie nachzulassen – soweit es die pazifistischen Schriften betrifft. Stets verstand Bertha von Suttner auch ihre schöngeistigen Veröffentlichungen als Schrittmacher der Vernunft, des Fortschritts, der Verständigung. Diese Gedanken reisten als blinde Passagiere durch das Buchstabenmeer der Romane. Das spöttische, letztlich ehrenvolle Gütesiegel «Friedensbertha» verpflichtete ihre Trägerin, selbst bei der Erfindung von Handlungen und Figuren immer im Dienst zu sein.

Manchmal geschieht es nur beiläufig, mit ein paar Sätzen in einer längeren Erzählung. Der alte Mann, der in einem niederösterreichischen Dorf seinen kümmerlichen Lebensabend verbringt und seine Erinnerungen an bessere Tage aufzeichnet, sieht

Eine der literarischen Brotarbeiten Bertha von Suttners

ein Regiment durch den Ort marschieren, begleitet von dem beräderten Troß. *Und wenn man denkt,* sinnt er dem Vorbeizug hinterher, *daß man von all dem Aufwand nur wünschen kann, daß er nie zur Verwendung komme! … Es soll eine Friedensbewegung geben – die Blätter haben mir davon so manches Echo gebracht … doch von derlei versteh' ich nichts.*[224]

In anderen Büchern wird im Erzählgang die Sache Frieden nicht nur untergeschmuggelt, sondern wird zum Programm. *Marthas Kinder*, geschrieben 1901/02, wollte als Fortsetzung des Romans *Die Waffen nieder!* verstanden sein. Kenner jenes Werkes erkannten schon im Titel den Zusammenhang; denn Martha

(Althaus) war ja jene Adlige, die sich nach innerer Wandlung dem Krieg entgegengestellt hatte. Nun setzen sich Sohn und Tochter, je auf ihre Weise, mit den bestehenden Verhältnissen auseinander, erleiden sie oder versuchen sie zu meistern, das heißt, Einfluß zu nehmen und Denkweisen zu ändern. Nur die Erzähltechnik wechselt jetzt: vom autobiographischen Ich zur «auktorialen» Perspektive, bei der die Autorin ihre Figuren gleichsam allwissend führt, alle Fäden in der Hand hält wie der Puppenspieler.

Hier reicht sie die rationale Grundausstattung ihres Wesens an Marthas Sohn Rudolf weiter und läßt ihn ihr Lieblingsthema des sozial-humanitären Darwinismus variieren: *So viele könnende und so viele wissende Wesen, wie die Menschen zu werden jetzt im Begriffe stehen, müssen auch vernünftige Wesen mit vernünftigen Einrichtungen werden. Das ist der Zwang des Anpassungsgesetzes.* Über das Zeitmaß bei dieser Gesinnungsevolution wird nicht spekuliert; es stehe lediglich fest, daß die *aus unwissenden Zeiten überkommenen Einrichtungen* heillos seien. *[...] das Unvernünftigste von allem: neun Zehntel aller Hilfsquellen darauf zu verwenden, einander besser totschlagen zu können ... Sich die Heimat Erde in Beutestücke einzuteilen, um die man sich gegenseitig zerfleischt.*[225]

Literarwissenschaftlich eingestuft, ist dies «Tendenzliteratur». Viele der erdachten Gestalten sind Propagandisten, Funktionäre der Friedensziele. Darin muß kein Mangel liegen, aber hier liegt er darin, und Bertha von Suttner, in der Eigenbetrachtung immer schonungslos, benannte ihn auch: *Mein Roman hat nämlich keine lebenden Figuren.*[226] Die selbstkritische Feststellung aus dem Jahre 1910, bezogen auf den letzten Roman *Der Menschheit Hochgedanken*, trifft auf das belletristische Gesamtwerk zu. Nur wenn Tendenzzwecke in eine Meisterwerkstatt geraten, wie bei «Kabale und Liebe», kann große Literatur daraus werden. Menschenbildnerin war Bertha nicht, bei sonst achtenswerten schriftstellerischen Vorzügen.[227] Dazu gehörte vornehmlich, daß sie der Literaturepoche des Realismus in der Solidität ihres Stils, in dem klaren, durchsichtigen, schnörkellosen Sprachfluß zuzuordnen ist. Ohne Formexperimente wurde damals ein Deutsch geschrieben – von Literaten und Historikern, Strategen und Großkaufleuten –, wie es heute Stilschulen lehren.

Doch gerade beim Stichwort Realismus meldet sich ein zweiter Mangel in der schöngeistigen Produktion der Autorin. Sie blieb «realistisch» auch dann, als die Literatur rundum sich die Ausdrucksformen und Inhalte des Naturalismus und frühen Expressionismus aneignete. Während zudem noch die junge österreichische Dichtergeneration – Schnitzler, Hofmannsthal, Rilke, Werfel, Stefan Zweig – die zweite Wiener Klassik mitgestaltete, wirkte die konventionelle Machart der alternden Berühmtheit ein wenig abgestanden. Persönlich sah sie auch hierin klar, ohne doch Zeit und Kraft zu Vorstößen über die literarische Epochengrenze zu finden. *[...] bin eben immer noch Rossini, sollte Richard Strauss sein* (1906)[228]. Das aber hätte vorausgesetzt, Schriftstellerin nicht nur im Nebenamt zu sein wie seit 1889. Nachdem ihre Druckbuchstaben ganz zum Friedensdienst verpflichtet worden waren, bestätigte sich ihr die schlichte Wahrheit aus dem Matthäus-Evangelium: Niemand kann zwei Herren dienen. Ins Suttnersche Tagebuch übertragen, hieß die Einsicht schon 1890: *Die Kunst will die Hingabe des ganzen Menschen haben.*[229]

Da die Literaturkritik in der Belletristik keinen Bonus für die humanitären Grundabsichten solcher Werke bewilligt, hat Bertha von Suttner im eigentlich literarischen Sinne keinen Ruhm erlangt. Sie erwarb ihn durch einen pazifistischen Aufschrei in der Ausdrucksform von Literatur. Die so gewonnene Bedeutung hielt sich dauerhaft: sowohl durch diesen publizistischen Sensationserfolg als auch durch ständigen zähen Einsatz, durch unentwegte öffentliche Präsenz. Alle weiteren Bücher dagegen blieben nur ein matt beleuchteter Nebenschauplatz, ja, das Licht, das auf ihn fiel, wurde mit der Zeit immer schwächer, bis fast zum Verlöschen. In späten Jahren blieb der Schreibtischsklavin nicht einmal erspart, daß Verlage ihre Manuskripte ablehnten. *Viel schuld ist mein literarisch toter Name. Hat keinen Marktwert. Beim Publikum hat die Pazifistin die Literatin getötet*, wird 1911 resignierend eingestanden; aber nicht ohne den Zusatz, der Selbsttrost spenden sollte und die Wahrheit ebenfalls traf: *Pazifismus ist doch der seltenere Titel und wird der Nachwelt mehr genützt haben als literarische Erfolge.*[230]

Das literarische und journalistische Schaffen im neuen Jahrhundert hatte nur noch ganz am Anfang das vertraute Bild geboten: zwei Suttners im gemeinsamen Arbeitszimmer am Schreibtisch in Harmannsdorf, nicht anders als einst im Kaukasus. *Marthas Kinder* war Berthas letztes Buch gewesen, dessen Abschluß 1902 der Zweiundfünfzigjährige noch erlebt hatte. Im

Vorjahr 1901 war die Silberhochzeit begangen worden. *Seliger Tag. Der Rückblick auf fünfundzwanzig Jahre ungetrübter Lebenskameradschaft.*[231] Wirklich? Nach fünfeinhalb Witwenjahren ist die Erinnerung ein wenig schöngefärbt im Schlußteil der *Memoiren*; denn das Eheglück hatte dem silbernen Vierteljahrhundert im Endstadium nicht ganz so schattenlos standgehalten, wie man nach den vielen glaubwürdigen Aussagen über den seelischen Gleichklang der beiden Naturen vermuten sollte.

Ende der achtziger Jahre war ein springlebendiger Backfisch in Harmannsdorf eingefallen, Arturs Nichte Marie Louise. Nach dem Tod ihres Vaters lebte sie fortan hier. Zehn Jahre später schleichen sich Sorgen ein in das Tagebuch der Tante Bertha, verstärkt dadurch, daß Marie Louise einen Roman im Stil einer fiktiven Autobiographie veröffentlicht, worin jeder Insider nur leicht verschlüsselt die Liebe der Verfasserin zu ihrem Onkel ausgesprochen findet. Um das Ungeschick dieser Publikation noch bis zur Taktlosigkeit zu vermehren: Gewidmet ist das Buch Bertha. *Finde Entsetzliches, mich tief Kränkendes*, notiert sie nach *schlafloser Nacht*[232]. Am meisten empört sie, die das Manuskript nicht zu Gesicht bekommen hatte, *daß sie ihm Worte in den Mund legt, durch die er seinen Schmerz ausdrückt, daß er mit ihr keinen häuslichen Herd gründen kann und daß sie ihm diese Stellen vorgelesen und er nicht aufschrie – das darf man nicht veröffentlichen*[233].

Artur weist jeden tieferreichenden Verdacht von sich, doch seine täglichen Spaziergänge mit dem hübschen Mädchen im Park, während die Ehefrau vom Schreibtisch aus zusieht, seine gelegentlichen Fahrten mit ihr allein nach Wien nähren die Eifersucht. *Er ist ja von ihrem Zauber gefangen*[234], wissen ihre Augen trotz

Die Nichte Marie Louise von Suttner

seiner Beteuerungen. Sie täuscht sich nicht darüber hinweg, daß ein siebenundfünfzigjähriges weibliches Äußeres es nicht leicht hat gegen ein sechsundzwanzigjähriges, wenn die Liebe beider einem fünfzigjährigen Mann gehört, selbst wenn die Jüngere von ihnen gar keine Anrechte besitzt. Die verbrieften Ansprüche und Sicherungen stehen hier in argem Konflikt mit der Natur. *Heute nach langer Zeit*, so hält das Tagebuch im Frühjahr 1900 fest, *hab' ich wieder einmal den Mut gefaßt, in der Nähe in den Spiegel zu schauen. Weiß, alt, ganz alt.* Und ein paar Monate später: *Wäre ich tot, würden sie wohl heiraten.*[235]

Doch die Annahme, Arturs und ihre Lebensuhr müßten sich nach dem Altersabstand richten, trog. Ihr Mann starb schon im Dezember 1902 an einer Krankheit, deren Charakter nicht deutlich wird, bei der aber das Herz wohl maßgeblich beteiligt war. In den Wochen der Bettlägerigkeit hatte Bertha der Nichte die von ihr erbetene Pflege großzügig überlassen, wenn auch mit nagenden Gefühlen. Arturs Testament aber enthüllte noch einmal ein rückhaltloses Bekenntnis zu seiner nicht leicht errungenen Gefährtin: «[…] Und nun, Meine, noch ein Wort Dir: Dank. Du hast mich glücklich gemacht, Du hast mir geholfen, dem Leben die schönsten Seiten abzugewinnen, mich desselben zu freuen. Keine Sekunde der Unzufriedenheit hat es zwischen uns gegeben, und das danke ich Deinem großen Verstande, Deinem großen Herzen, Deiner großen Liebe!»[236]

Am Sterbebett, zuvor, war ein Konflikt ausgetragen worden, wie er unvermeidlich ist, wenn innerhalb der Familie Freigeist und Kirchenglauben aufeinanderstoßen. Denn Berthas und Arturs Gott war nicht der jüdisch-christliche. Sie nannte ihn einmal die *Bewußtseinssumme der ganzen Welt*[237], an anderer Stelle *den Gott in der Menschenbrust. Von einem anderen weiß ich ja nichts. […]; denn zu glauben, was Menschen uns darüber sagten und schrieben, ist ja nicht Gottesglaube, sondern Menschenglaube. […] Aber in unserem Innern, da loht ein Funke der Urflamme […]; da tönt – kaum hörbar – ein Widerhall der Urstimme, welche das noch immer fortschwingende «Es werde» sprach – und das ist der Gott, der sich uns offenbart.*[238]

Die beiden demutvollen Agnostiker hatten sich *gegenseitig das Wort gegeben, das Aufdrängen von kirchlichen Zeremonien von unserem Sterbebett fernzuhalten.* Die Angehörigen der Familie Suttner wollten einen Priester holen, um die Sterbesakramente darreichen zu lassen, denn Artur war getaufter Katholik, nicht anders als seine Frau. Sie aber weigerte sich mit der Begründung: *Die Todesangst will ich ihm fernhalten.*[239] Der geistliche Beistand unterblieb.

Es ist fast genau das Szenarium, mit welchem Arthur Schnitzler zehn Jahre später sein Bühnenstück «Professor Bernhardi» eröffnet: Ein sterbendes Mädchen befindet sich gerade in dem häufig dem Tode vorausgehenden euphorischen Zustand. Ein Priester eilt herbei, doch der Klinikchef verweigert ihm den Zutritt, um seine Patientin nicht aus ihrem beseligten Dämmern reißen zu lassen. Für den leitenden Arzt – weil er Jude ist – hatte das Nein vor dem Krankenlager schlimme Folgen; die Witwe Bertha obsiegte auch darin, den Leichnam nicht bestatten, sondern gemäß vorheriger Absprache einäschern zu lassen (und zwar in Gotha, weil Wien damals noch kein Krematorium besaß[240]). Die Urne setzte sie an verschwiegenem Platz im verschneiten Schloßpark bei, ohne doch fortan in der Nähe des Grabes (weiter)leben zu dürfen. Denn mit dem Tode des Schwerkranken war die letzte Geduldsfrist der Gläubiger des überschuldeten Gutes abgelaufen; die Pietätsspanne währte gerade eine Woche. Noch vor Weihnachten 1902 wurde Harmannsdorf versteigert, die Familie einschließlich Berthas uralter Schwiegermutter zum Wegzug genötigt. Die jüngere der beiden hinterbliebenen Frauen zog in eine kleine Wohnung in Wien.

Der große Preis

Arturs Testament hatte in seinem Bekenntnisteil der Ehefrau nicht nur gehuldigt, sie überdies zum Weiterarbeiten am gemeinsamen Hoffnungswerk aufgefordert. «Du weißt, daß wir uns in der Pflicht fühlten, unser Scherflein zum Besserwerden der Welt beizutragen […], und darum mußt Du trachten, noch viel zu leisten.»[241] Auch ohne diese Worte hätte die Angesprochene nicht von ihrer Mühsal lassen können, wäre diese andere Mutter Courage immer wieder ins Geschirr ihres Marketenderkarrens gestiegen: beladen nicht mit Lebensnotwendigem für die Kriegführenden, sondern für die Friedenswilligen.

Sehr zu gönnen wäre dem Mitstreiter gewesen, noch den Triumph mitzuerleben, der seiner Kameradin auf den Tag drei Jahre nach seinem Tod zuteil wurde: die Verleihung des Friedensnobelpreises an sie. (Damals wurde an Nobels Todestag, der auch Arturs Todestag war, die Preisvergabe proklamiert. Die Verleihungszeremonie folgte erst danach.)

Alfred Nobel hatte genau wie seine «chère amie» in Österreich grundsätzliches Vertrauen in den allgemeinen moralischen Fortschritt gelegt, bei größerer Zurückhaltung gegenüber Proklamationen und Vereinen. «Meine Fabriken werden vielleicht dem Krieg noch eher ein Ende bereiten als Ihre Kongresse.»[242] So hatte er zu ihr gesagt, mit dem Blick auf die vermeintlich friedenerzwingende Überwaffe, als Suttners ihn im Spätsommer 1892 in Zürich besuchten. Den wissenschaftlichen und technischen Errungenschaften traute er am ehesten zu, «die Mikroben – die der Seele sowohl als des Körpers – nach und nach verschwinden» zu lassen[243]. (Der Lustspieldichter Curt Goetz ließ später seinen Dr. med. Hiob Prätorius nach der «Mikrobe der menschlichen Dummheit» forschen ...) Nobels Mikroben-Feldzug glich entfernt Bertha von Suttners ethischem Darwinismus. Die Richtung seines Hoffens zeigt die testamentarische Verfügung, wonach allein drei der fünf zu vergebenden Preise an Naturwissenschaftler auszuteilen seien. Während der vierte dafür vorgesehen war, alljährlich die «ausgezeichnetsten Zeugnisse idealistischer Richtung der Literatur»[244] zu belohnen, ist beim fünften, dem Friedenspreis, mit Händen zu greifen, wer dem Stifter bei der begründenden Formulierung im Sinn und vor Augen gewesen war; gedacht war der Preis «für denjenigen oder diejenige, welcher oder welche am besten für die Verbrüderung der Menschheit, die Herabminderung der Heere und die Förderung von Friedenskongressen gewirkt hat»[245].

Der Gedankenweg hierher reicht zurück bis zu einer Bootsfahrt mit den Gästen aus Harmannsdorf auf dem Zürcher See. Ende des Jahres 1892 hatten die Unterhaltungen bei der Wasserpartie sich beim Gastgeber zu ersten Schlußfolgerungen geklärt. Nobel schrieb zu Neujahr 1893 in einem Brief, er wolle einen Teil seines Vermögens zu Preisverleihungen alle fünf Jahre bestimmen. Die Briefempfängerin fand den Gedanken nicht sonderlich einladend. *[...] jene, die für den Frieden arbeiten, [...] brauchen die Mittel, um arbeiten zu können*[246]. Der Fünfjahresabstand erschien ihr zu gedehnt, mit erkennbarem Blick auf die eigenen chronischen Bedrängnisse. Daß dann der Sterntalerregen von Anbeginn, seit 1901, alljährlich niederging, mag schon auf jenen Einwand zurückzuführen sein, vielleicht auch erst auf wiederholte Anstöße aus derselben Richtung. Im März 1896 hatte Bertha dem Freund geschrieben: *Wenn wir uns nicht gehabt hätten! Wenn wir uns nur noch länger haben! Sie haben mir einmal geschrieben, daß Sie dem Friedenswerk ein beträchtliches Legat bestimmen werden. Ja, tun Sie es, sehr bitte ich Sie darum. Ob ich da bin oder nicht mehr bin: was wir gegeben haben, Sie und ich, wird überleben.*[247]

Der Nobelpreis enthält untrennbare Ideenanteile beider Befreundeten, so daß Bertha von Suttner nach Veröffentlichung des Testaments im Januar 1897 in einem Brief an Fried zu Recht ihren fördernden Anteil an der Stiftung hervorheben durfte: *[...] Ja, ich finde sie ja groß, großartig und freue mich umso stolzer daran, als ich ja diejenige war, die Nobel in die Bewegung eingeführt und ihm suggeriert hat, etwas Bedeutendes dafür zu tun. [...] Es ist auch komisch, daß ich von allen Seiten Glückwünsche erhielt.*[248]

Wer sich ein wenig im Beziehungsgeflecht der Pazifisten auskannte, sah eben die Zusammenhänge. Henri Dunant schrieb am Tage der Benachrichtigung aus Norwegen, daß er Preisträger sei, nach Harmannsdorf: «Dieser Preis, gnädige Frau, ist Ihr Werk, denn Sie sind es, durch die Herr Nobel in die Friedensbewegung eingeweiht worden, und auf Ihr Zureden hat er sich zu deren Förderer gemacht.»[249]

Gerade Dunant, so verehrungswürdig er dastand für Bertha von Suttner, war in ihren Augen ein ungeeigneter Laureat. Sie fürchtete, daß die Nobelpreisvergabe dadurch in die falsche Richtung geraten könnte: in die kriegshumanisierende statt in die kriegsverhindernde. Hingegen sah sie in dem nahezu achtzigjährigen, fast erblindeten Veteran der französischen Friedensbewegung, Passy, den Würdigsten und Bevorrechteten, hatte ihn sogar ausdrücklich benannt, als das Nobel-Komitee zu Beginn des Jahres 1901 an sie herangetreten war, einen Kandidaten vorzuschlagen. Zu Recht wurde er jetzt mit ausgezeichnet.

Vom Tode Nobels bis zur Erstverleihung waren fünf Jahre vergangen. Warum? Weil die Erben das Testament angefochten hatten. Sie fühlten sich als die Zurückgesetzten, gleichsam Enterbten. Das war durchaus im Sinne des Verstorbenen, nicht aus familiären Gründen, sondern aus Gründen einer für ihn höheren

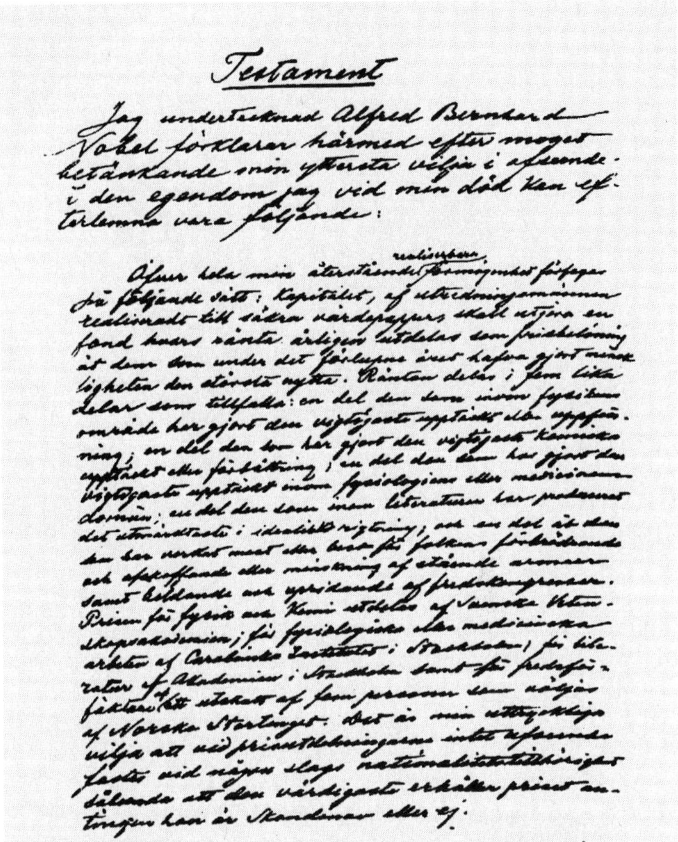

Testament

Jag undertecknad Alfred Bernhard Nobel förklarar härmed efter moget betänkande min yttersta vilja i afseende i den egendom jag vid min död kan efterlemna vara följande:

Öfver hela min återstående realiserbara förmögenhet förfogas på följande sätt: Kapitalet, af utredningsmännen realiseradt till säkra värdepapper, skall utgöra en fond hvars ränta årligen utdelas som prisbelöning åt dem som under det förlupne året hafva gjort menskligheten den största nytta. Räntan delas i fem lika delar som tillfalla: en del den som inom fysikens område har gjort den vigtigaste upptäckt eller uppfinning; en del den som har gjort den vigtigaste kemiska upptäckt eller förbättring; en del den som har gjort den vigtigaste upptäckt inom fysiologiens eller medicinens domän; en del den som inom literaturen har producerat det utmärktaste i idealisk rigtning; och en del åt den som har verkat mest eller bäst för folkens förbrödrande och afskaffande eller minskning af stående armeer samt bildande och spridande af fredskongresser. Prisen för fysik och kemi utdelas af Svenska Vetenskapsakademien; för fysiologiska eller medicinska arbeten af Carolinska Institutet i Stockholm; för literatur af Akademien i Stockholm samt för fredsförfäktare af ett utskott af fem personer som väljas af Norska Stortinget. Det är min uttryckliga vilja att vid prisutdelningarne intet afseende fästes vid någon slags nationalitetstillhörighet sålunda att den värdigaste erhåller priset antingen han är Skandinav eller ej.

Detta testamente är hittills det enda giltiga och upphäfver alla mina föregående testamentariska bestämmelser om sådana skulle förefinnas efter min död.

Slutligen anordnar jag såsom varande min uttryckliga önskan och vilja att efter min död pulsådrorna uppskäras och att sedan detta skett och tydliga dödstecken af kompetente Läkare intygats liket förbrännes i s.k. krematorium.

Paris den 27 November 1895

Alfred Bernhard Nobel

Das handschriftliche Testament Alfred Nobels (in schwedischer Sprache)

Die Vorderseite der goldenen Friedensnobelpreis-Medaille

Vernunft. «[...] vererbte große Vermögen wirken lähmend. Angesammelte große Habe müsse an die Allgemeinheit zurückgehen; die Kinder der Reichen müßten nur so viel bekommen, um gut erzogen werden zu können und vor Mangel geschützt.»[250] So hatte Bertha von Suttner es bei jenem Zürcher Beisammensein aus Nobels Mund vernommen. Die Folgen daraus – gerichtliche Auseinandersetzungen – hinterließen im Harmannsdorfer Tagebuch Spuren: *Das ist doch fatal. Daß Nobel, der mein Freund war, mir den Preis zugedacht, das weiß ich wohl – hätte er's nur einfacher und klarer gemacht. So kriegt Es Löwos nix.*[251]

Es Löwos bekam eine Menge: die ungeteilte Summe des Jahres 1905. Ohne vorherige Andeutungen von Eingeweihten erhielt sie Anfang Dezember, zehn Tage vor der amtlichen Bekanntgabe, das Telegramm des Komitees, nachdem sie gerade in diesem Jahr nach mehrfachem Übergangensein nicht mit dem Preis gerechnet hatte. Das Ende der Wartezeit war von Wehmut begleitet. *Diese Jahrestage sind eben gar so schrecklich traurig.*[252] Artur fehlte ihr, die Freude zu teilen; wie sehr, zeigen die *Memoiren* zweieinhalb Jahre danach: *[...] ich kann es nicht mehr Leben nennen, was meine Tage zwischen dem 10. Dezember 1902 und heute gefüllt hat.*[253] Die Nachricht aus Christiania (damaliger Name der norwegischen Hauptstadt) kam während einer Vortragsreise durch mehr als zwei Dutzend deutsche Städte. Dadurch gestalteten sich deren letzte Stationen triumphal. Das Echo in der veröffentlichten Meinung klang wie immer dissonant. Neben aufrichtiger Anerkennung fehlte natürlich auch nicht der Spott, wie in der Berliner Zeitung «Der Tag»:

Frau Berta hat den Friedenspreis,
Die Welt, des Haders müde,
Wischt aus der Stirn den blut'gen Schweiß,
Und überall ward Friede.[254]

Eher wohlwollend-neutral die Karikatur in den Wiener «Humoristischen Blättern»: Bertha von Suttner mit einem Palmenzweig in der Hand und einem Geldsack auf dem Rücken, mit der aufgedruckten Zahl 200 000.[255]

Das Geld kam hoch erwünscht und brachte die ewige Erfahrung mit sich, daß Wohlhabenheit auf andere Weise kaum weniger Kopfzerbrechen bereitet als finanzielle Bedrängnis. Augenblicklich sah die Beschenkte sich Begehrlichkeiten ausgesetzt. *Soll jetzt alle alten Harmannsdorfer Schulden bezahlen*[256], meldet das Tagebuch. Manche Forderungen waren von bemerkenswerter Dreistigkeit. Mehr als zwanzig Jahre nach dem Tod der Gräfin Sophie teilte ein Gläubiger mit, *daß ich für meine arme Mutter noch 9000 Gulden schulde*[257]. Berthas Bruder Arthur, den sie seit 33 Jahren nicht gesehen hatte, bat um Hilfe. Der *Sonderling lebte ganz menschenscheu und zurückgezogen in einer kleinen dalmatinischen Stadt*[258]. Die Schwester wollte ihn, nach anfänglichem Zögern, besuchen, aber schon auf der Reise nach Split traf die Nachricht von seinem Tode ein. Artur von Suttners Schwestern bekamen großzügige 11000 Gulden, um im niederösterreichischen Amstetten ein Haus zu bauen. Wie es in der Suttner-Familie nicht anders sein konnte, das Anwesen wurde binnen kurzer Zeit zum Guldengrab. Bertha selbst, mit ihrer undisziplinierten Hand in Gelddingen, erinnerte an den reich beschenkten Soldaten in Andersens Märchen vom Feuerzeug. Nach den jahrzehntelangen Geldsorgen lebte sie nun im Hochgefühl, «endlich einmal aus dem Vollen schöpfen zu können»[259] – wozu natürlich auch elegante Garderobe für die Reise nach Christiania gehörte.

18. April 1906: *Björnson*, der Literaturnobelpreisträger von

Karikatur zur Nobelpreis-Verleihung an die «Friedensbertha»

1903, *führt mich ein. Dann trete ich vor, und alle erheben sich. Rede gelingt und hat starken Beifall.*[260] Die Ansprache im Beisein des Königs Haakon VII. listete alle Schrecken und Gefahren der Gegenwart auf. Der Russisch-Japanische Krieg war unlängst beendet worden, die russische Revolution von 1905 hatte das Zarenreich erschüttert. *Im mittleren und westlichen Europa hingegen kaum überstandene Kriegsgefahr* durch die Erste Marokkokrise, *Mißtrauen, Drohungen, Säbelgerassel, Pressehetzen, fieberhaftes Flottenbauen und Rüsten überall.* Dagegen dann: *Man muß eben nicht nur das Auffallende betrachten, das breit an der Oberfläche waltet, man muß auch das zu sehen verstehen, was aus dem Boden hervorsprießt; man muß verstehen, daß zwei Weltanschauungen und zwei Zivilisationsepochen jetzt miteinander ringen, und da wird man gewahr, daß mitten unter dem krachenden, drohenden Alten das verheißende Neue sich emporringt, gar nicht mehr vereinzelt, gar nicht mehr schwach und formlos, sondern schon viel verbreitet und lebenskräftig. Ganz unabhängig von der eigentlichen Friedensbewegung, die ja selber mehr ein Symptom als die Ursache der sich vollziehenden Wandlung ist, geht ein Prozeß der Internationalisierung, der Solidarisierung der Welt vor sich. Dazu wirken mit: die technischen Erfindungen, der gesteigerte Verkehr […], die gegenseitige wirtschaftliche Abhängigkeit, und halb unbewußt – wie Triebe schon sind – waltet da der Selbsterhaltungstrieb der menschlichen Gesellschaft, die ja auf dem Wege der ewig gesteigerten Vernichtungsmethode ihrer Zerstörung entgegenginge und sich instinktiv dagegen aufbäumt.* Zum Schluß zitierte sie den amerikanischen Präsidenten Theodore Roosevelt, es gelte, die Zeit herbeizuführen, «wo der Schiedsrichter zwischen den Völkern nicht mehr das Schwert sein wird»[261]. Es fügte sich, daß der letztzitierte Name in dieser Rede derjenige des nächstfolgenden Preisträgers war …

Die Neugier der skandinavischen Öffentlichkeit beim Erscheinen der ersten Frau unter den Erwählten des Nobel-Komitees übertraf noch die Aufmerksamkeit, die üblicherweise den Preisempfängern zuteil wurde. Die anschließende Vortragsreise in Schweden glich einem *Triumphzug mit einer Ovation nach der anderen*[262], wie Fried aus Stockholm erfuhr. Diese Beweise öffentlicher Anerkennung, ja, Volkstümlichkeit, widerlegten den Eindruck der Ermüdung in den deutschsprachigen Zeitungen samt ihren vielfach spitzen bis böswilligen Karikaturen. Für Bertha von Suttner wurden die Reihumauftritte im dritten Jahr hintereinander bereits zur Podiumsroutine: 1904: Amerika, 1905: Deutschland, 1906: Schweden (mit einem Abstecher nach Kopenhagen). 1912 folgte eine zweite, große Reise in die USA.

Das *Sternenbannerland* war der Besucherin schon fast zwei Jahrzehnte vor der ersten Überfahrt als ein *tatkräftiges, vernunftreiches, freiheitsstrotzendes* erschienen, im Roman *High Life*; und sie hatte diesen Qualitäten alteuropäische morbide Überkommenheiten entgegengestellt: daß es hier *noch immer Leute* gebe, *die sich als die Blüte der Menschheit betrachten, weil sie einen erblichen Hofchargentitel tragen*[263]. Etwas von Altersversen Goethes aus dem Nachlaß schwingt darin, mit der Eingangszeile «Amerika, du hast es besser»:

Dich stört nicht im Innern
Zu lebendiger Zeit
Unnützes Erinnern
Und vergeblicher Streit.

Wegen der unverkrusteten Frische und Modernität hoffte und glaubte die Besucherin aus dem alten Österreich, daß die Friedensentwicklung gerade aus der Neuen Welt Anstöße empfangen werde. Besonders ermutigt fühlte sie sich nach einer Unterredung mit Präsident Theodore Roosevelt im Herbst 1904 im Weißen Haus. Er hatte von seiner Absicht gesprochen, zweiseitige Schiedsverträge mit den, militärisch gesehen, wichtigsten Ländern abzuschließen sowie auf eine neue Haager Konferenz zu dringen.

Auch dieser Mächtige enttäuschte die in ihn gesetzten Erwartungen, nicht weniger als Zar Nikolaus; denn auch die Vereinigten Staaten unter seiner Präsidentschaft (1901–1909) sahen das Heil der Friedenssicherung im Gerüstetsein. Die Zweite Haager Friedenskonferenz 1907 mit 44 Teilnehmerstaaten klammerte die Thematik Abrüstung aus, besonders wegen deutscher und österreichischer Widerstände, schrieb lediglich die Regeln des Kriegsrechtes fort – worin die Pazifisten gewiß nicht den erfüllten Sinn des großen Treffens erkannten.

Trotz allem: Die Friedenssehnsüchte der alten Dame, die 1912 zum zweitenmal den Atlantik überquerte, wurden stark angeregt von der Jugendfrische und Kraft einer Nation, die nicht in die Fesseln hochexplosiver Bündnispakte eingeschnürt war. Das Licht der Friedensaussichten fiel vom Westen herein, so schien es ihr: *ex occidente lux*. Der amerikanisch-englische Schiedsvertrag von 1911 hatte sie noch einmal zu einem Ausbruch ins Schwärmerische verleitet: *Also ist es Wahrheit geworden. Wir erleben es. Das Endziel des Pazifismus: Recht statt Gewalt – Ausschaltung des Krieges als gesetzliche Methode zur Austragung von Streit-Ideen.*[264] Andrew Carnegie, *der werktätigste und werkmächtigste unter den lebenden Pazifisten*[265], begeisterte sich im gleichen Tonfall: «Wir sind am Vorabend der größten friedlichen Revolution, die man jemals gesehen.»[266] Carnegie, der schottisch-amerikanische Industrielle, war der große Mäzen der späten Jahre, für die Friedensbewegung

Bertha von Suttner, 1908

ein zweiter Nobel. Die Nobelpreisträgerin persönlich war allerdings nicht mehr wie früher auf direkte Unterstützung bei ihren Reisen angewiesen. Der *letzte Feldzug für die Sache*[267], vom Juni bis zum Dezember 1912, brachte ihr sogar 20000 Kronen Über-

Bertha von Suttner auf dem Rednerpodium. Sie trägt einen Witwenschleier und lederne Handschuhe

schuß ein aufgrund der Spenden und Auftrittshonorare (ein österreichischer Volksschullehrer, zum Vergleich, verdiente 120 Kronen im Monat[268]). Die berühmte Europäerin, von den amerikanischen Frauenverbänden liebevoll herumgereicht als das große Aushängeschild der Emanzipation, sprach überall in vollbesetzten Sälen. Alfred Hermann Fried, der seine Mentorin nicht in die Staaten be-

Unermüdlich besuchte sie Friedenskongresse und Versammlungen.
Hier neben dem weißbärtigen Frédéric Passy in der vorderen Sitzreihe

gleitete, liefert von anderen Gelegenheiten her einen Eindruck von ihrer Erscheinung und Vortragsweise aus späten Tagen:

«Langsam und schwerfällig schreitet sie auf das Podium hinauf, von hilfreich herbeieilenden Freunden unterstützt. Dann steht sie da, eine hochgewachsene Erscheinung, deren Embonpoint durch den langen, vom graugelockten Haupte herabwallenden Witwenschleier wirksam retouchiert wird, so daß sie fast schlank erscheint. Das Haupt ist stolz zurückgeworfen; ihr Blick scheint verachtend über die Menge hinwegzusehen. Das ist natürlich eine Täuschung, hervorgerufen durch die übergroße Kurzsichtigkeit der Baronin. Sie sieht ‹hinweg›, weil das Auge eben nichts zu fixieren vermag. Es dauert lange, bis sie zu sprechen anfängt. Sie scheint nach Worten zu suchen. Und dann spricht sie, leise, ganz leise, und langsam, die einzelnen Wörter durch Pausen voneinander trennend. Niemals bewegt sie eine Hand; niemals eine Geste. Wo sie die Rede unterstreichen will, tut sie es durch den Ton, durch ein scharfes Zurückwerfen des Kopfes. Das Ganze erweckt den Eindruck von Hoheit. Wenn ein Thronsessel dahinter stünde, würde man keinen Augenblick zweifeln, eine Königin vor sich zu haben.»[269]

Der 70. Geburtstag am 9. Juni 1913 wurde überschattet von der Enttarnung des Generalstabsobersten Alfred Redl als Spion Rußlands – ein Schock für die k.u.k. Armee, deren Aufmarschpläne verraten waren. Gerade solche Gefährdung hätte ein auf Kriegsverhindern zielendes Bemühen wieder einmal glänzend bestätigen können, aber die kollektiven Bewußtseinsmechanismen arbeiteten anders. Jede öffentliche Ehrung in Wien blieb aus. Der Prophet gilt nichts im Vaterland, die Prophetin, die Visionärin auch nicht, am wenigsten, wenn sie über das Lieblingsspielzeug der Epoche, das buntuniformierte, glitzernde, unentwegt Düster-Ahnendes verlauten läßt: «die großartige Kassandra unserer Zeit» (Stefan Zweig[270]). Ihr eigener Souverän Franz Joseph I., einer der erlauchtesten Kronenträger des Zeitalters, hat der verdientesten Frau unter seinen Untertanen in 68 Regierungsjahren keine einzige seiner 250000 Audienzen gewährt, abgesehen von der eher pflichtgemäßen Entgegennahme einer Petition. Das spricht am Ende mehr für den Geist der Ära als alle Hoffnungsmomente kurz aufblitzender, dann wieder verlöschender Friedenserfolge. Zum Vergleich: Der deutsche Kyffhäuser-Bund (Dachverband aller Kriegervereine und «Gedienten») zählte 1913 rund 2,8 Millionen Mitglieder. Die pazifistischen Vereinigungen kamen allenfalls auf zehntausend.

Die Friedenssehnsucht der Bevölkerungen – wie am Beispiel der Deutschen in der Umfrage der «Berliner Illustrirten» 1899[271] – braucht nicht bezweifelt zu werden. Nur wurde sie vom Trumpf-As Vaterland ausgestochen. Der Nationalismus überwältigte die Friedwilligkeit, sobald die patriotischen Gefühle sich von vermeintlichen oder wirklichen Zumutungen aus dem Ausland gereizt fanden. Das geschah leicht, denn die politisch maßgeblichen Schichten aller Großmächte reagierten verletzlich und prestigebedacht. Tief hinein ins öffentliche Bewußtsein reichte allenthalben die Bereitschaft, für unerhebliche Dinge, die auch diplomatisch lösbar gewesen wären, das Schwert zu ziehen. Die Hemmschwelle zu einem Waffengang lag ungleich niedriger als im heutigen, an Katastrophen gereiften Europa. In solchem Klima waren einige Dutzend Verantwortliche ringsum leichter bereit, sich in Abenteuer zu stürzen, dienten sie doch sämtlich dem Götzen «Heiligkeit der Nation». Daß solche Abenteuer nicht mehr nach den Erfahrungen früherer Kriege ablaufen, sondern in neuartige Massenschlächtereien ausarten würden, darüber täuschten sie sich freilich eher hinweg als die besorgten Gewissen im Friedenslager. Zu diesen letzteren gehörte auch Karl May. Kurz vor seinem Tode im März 1912 begegneten die beiden berühmten Schriftsteller-Kollegen einander in Wien.

Bis zum Frühjahr 1914 bleibt Bertha von Suttner die unermüdliche Beobachterin, Kommentatorin der Zeitereignisse, wovon ihre *Randglossen* zeugen, zwei umfangreiche Bände, welche ihr geistiger Erbe Fried mitten im Ersten Weltkrieg in der Schweiz herausgegeben hat (*Der Kampf um die Vermeidung des Weltkrieges*).

In den letzten Lebensjahren ist die *Barbarisierung der Luft* eine ständig geäußerte Besorgnis in den *Randglossen*: *Dabei werden aber fleißig Proben mit Herabwerfen von Sprengstoffen gemacht*, wird im September 1910 festgehalten. Und im August 1913 zitiert sie grimmig aus einem Kommentar der Wiener «Presse»: «In einem künftigen Kriege werden die Luftfahrzeuge schwere, mit hochexplosiven Präparaten gefüllte Handgranaten und Brandgeschosse an Bord führen.»[272] Letzte Notiz im Mai 1914: des preußischen Kriegsministers von Falkenhayn hämische Worte über den «Dämon des versponnenen Weltbürgertums»[273]. Die Weltbürgerin, nicht versponnen, aber am Ende ihrer Widerstandskraft, gesteht resignierend ein: *[...] ich kann physisch nicht mehr*, fragt dennoch schuldbewußt angesichts ihrer Müdigkeitsüberwältigung: *Ist solche Faulheit statthaft?*[274] In dieser Zeit sucht das neue Medium Film die Bekanntschaft der großen Zeitzeugin und hält Schreibtischszenen in lebenden Bildern fest. Der Filmstreifen existiert.[275]

Zuletzt wird Magenkrebs festgestellt – wie vor achtzehn Jahren bei einer ihrer Romangestalten, im gleichen Alter … Aber der dortige Ausweg – Freitod –, um dem Schicksal *langen, schweren Leidens*[276] zu entgehen, braucht im Raum der Wirklichkeit nicht erwogen zu werden. Dem Tumor bleibt nicht mehr viel Zerstörungsarbeit, weil er überholt wird von Erschöpfung, Verbrauchtheit. *Verliere von Stunde zu Stunde Kräfte*[277], erfährt Fried Ende Mai aus Graz, von einem letzten privaten Ausflug.

Bertha von Suttner trat von der Weltbühne ab mitten in den Planungen zweier Widersacher. In Wien sollte im September der diesjährige Friedenskongreß tagen, in Sarajevo am nächstfolgenden Sonntag ein serbischer Anschlag auf den österreichischen Thronfolger Franz Ferdinand und seine Frau Sophie verübt werden. In der Agonie, schon bewußtseinsgetrübt, rief die Sterbende: *Die Waffen nieder, sagt es allen!*[278] Aber die meisten hörten nicht zu.

Bertha von Suttner starb am 21. Juni 1914. Eine Woche später wurden in Sarajevo der österreichische Thronfolger Franz Ferdinand und seine Frau Sophie ermordet. Das Attentat führte zu einer Krise, die binnen weniger Wochen in den Ersten Weltkrieg mündete …

Anmerkungen

Hinter der laufenden Zitatnummer folgt bei den Schriften Bertha von Suttners der jeweilige Titel beziehungsweise eine Kurzbezeichnung sowie die Seitenzahl. Der volle Nachweis ist in der Bibliographie zu finden. Bei der Sekundärliteratur werden der Verfassername und die Seitenzahl genannt. Die Rubrik «Anmerkungen» enthält den vollen Titel nur dann, wenn die Bibliographie ihn nicht aufführt. Das Kürzel «A. a. O.» gilt stets nur für die letztgenannte Belegstelle.

1 Golo Mann: Deutsche Geschichte des 19. und 20. Jahrhunderts. Stuttgart 1966, S. 120
2 A. a. O., 121
3 Franz Herre: Metternich. Staatsmann des Friedens. Köln 1983, S. 370
4 A. a. O., 402
5 Golo Mann: Wallenstein. Frankfurt a. M. 1971 (hier verwendet: Stuttgart o. J., S. 939)
6 Memoiren, 16
7 A. a. O., 62
8 A. a. O., 19f.
9 Hamann, 17
10 A. a. O., 15
11 A. a. O., 14
12 Memoiren, 22
13 Ebd.
14 Memoiren, 25
15 Ebd.
16 Memoiren, 148
17 A. a. O., 63
18 Ebd.
19 High Life, 214
20 A. a. O., 209
21 Memoiren, 63
22 A. a. O., 67
23 A. a. O., 66
24 A. a. O., 67f.
25 High Life, 150
26 Memoiren, 72, 114
27 A. a. O., 114
28 A. a. O., 72
29 A. a. O., 66
30 A. a. O., 84
31 A. a. O., 30
32 Zum folgenden a. a. O., 83–87
33 A. a. O., 89
34 A. a. O., 98
35 Inventarium, 97
36 Memoiren, 113, 91
37 High Life, 85
38 Memoiren, 99
39 Zum folgenden a. a. O., 105ff.
40 Phantasien, 242f.
41 Maschinenzeitalter, 114f.
42 Zum folgenden Memoiren, 108–111
43 Kleberger, 27
44 Wintersteiner, 81
45 Memoiren, 111
46 Hamann, 36
47 A. a. O., 36f.
48 Memoiren, 117
49 Hamann, 38

50 Memoiren, 116f.
51 A.a.O., 123
52 Vgl. auch Wintersteiner, 86
53 Vgl. auch Kleberger, 30
54 Zum folgenden Memoiren, 123–131
55 A.a.O., 76
56 A.a.O., 131
57 Hamann, 41
58 High Life, 260
59 Memoiren, 132
60 A.a.O., 133
61 A.a.O., 134; nochmals 271
62 Inventarium, 108
63 Phantasien, 134; vgl. auch Maschinenzeitalter, 310
64 Zum folgenden Memoiren, 133–136
65 A.a.O., 137
66 Ernst Jünger: Kaukasische Aufzeichnungen, in: Strahlungen. München 1955, S. 182
67 Memoiren, 143
68 Ebd.
69 Hamann, 86
70 Memoiren, 147
71 A.a.O., 144, 70, 105
72 A.a.O., 145
73 Es Löwos, 335
74 Memoiren, 156
75 Hamann, 69
76 Es Löwos, 288; nachfolgendes Zitat: a.a.O., 290
77 Schriftsteller-Roman, 177
78 Es Löwos, 287
79 A.a.O., 324
80 Inventarium, 186
81 Phantasien, 187
82 Memoiren, 155
83 A.a.O., 156
84 A.a.O., 146
85 A.a.O., 148
86 Ebd.
87 High Life VIIf.; vgl. auch Memoiren, 164f.
88 Memoiren, 155
89 Ebd.
90 Brief Haeckels vom 31. Oktober 1891 an BvS, a.a.O., 214
91 Inventarium, 371, 63f.
92 Albert Schweitzer: Goethe. Vier Reden. München 1956, S. 10
93 Inventarium, 5
94 A.a.O., 95f.
95 Vgl. Anm. 71
96 Ebd.
97 Inventarium, 99
98 A.a.O., 111f.; nachfolgende Zitate: 112f., 118ff., 366
99 Hamann, 83
100 Memoiren, 157
101 A.a.O., 163
102 A.a.O., 233
103 Hamann, 82f.
104 Schriftsteller-Roman, 149
105 Vgl. Anm. 20
106 High Life, 210f.
107 A.a.O., 212
108 A.a.O., 122f.
109 Schriftsteller-Roman, 205f.
110 Vgl. Anm. 28
111 Schriftsteller-Roman, 195f.
112 A.a.O., 49
113 Maschinenzeitalter, 1
114 A.a.O., 36
115 A.a.O., 37, 63
116 A.a.O., 181
117 Vgl. Anm. 61–63
118 Maschinenzeitalter, 348
119 A.a.O., 111
120 A.a.O., 110
121 A.a.O., 94
122 Memoiren, 170
123 A.a.O., 179
124 A.a.O., 180
125 Sigrid u. Helmut Bock: Nachwort zur Neuausg. «Die Waffen nieder!». Berlin 1990, S. 421
126 Waffen, 7f.
127 A.a.O., 24
128 A.a.O., 35
129 A.a.O., 93
130 «Die Gartenlaube» Nr. 29/1866, S. 460f.

131 Waffen, 235 ff.
132 Vgl. Anm. 36, 71
133 Waffen, 384
134 Curt Riess: Bestseller. Wie Bücher zu Welterfolgen wurden. München 1964, S. 159
135 Memoiren, 181
136 Ebd.
137 Ebd.
138 Ebd.
139 A. a. O., 182
140 Hamann, 136
141 Memoiren, 183
142 A. a. O., 210
143 Hamann, 136 f.
144 A. a. O., 124
145 Memoiren, 183
146 Hamann, 135
147 Memoiren, 183
148 Zit. nach Hamann, 142
149 Thomas Anz, Joseph Vogl (Hg.): Die Dichter und der Krieg. Deutsche Lyrik 1914–1918. München 1982, S. 31
150 Stefan Zweig: Tagebücher. Frankfurt a. M. 1984, S. 246
151 Fontanes Briefe. Bibliothek deutscher Klassiker. Berlin (Ost) und Weimar 1968, Bd. II, 272
152 Christian Zentner: Deutschland 1870 bis heute. München 1970, S. 114
153 Hermes, 310
154 Memoiren, 177
155 Vgl. Anm. 124
156 Hamann, 137
157 Memoiren, 184
158 A. a. O., 192
159 A. a. O., 194
160 A. a. O., 195
161 A. a. O., 198
162 Hamann, 152
163 Memoiren, 206
164 A. a. O., 204
165 Vgl. Hamann, 158
166 High Life, 113 f.
167 Hamann, 162
168 Memoiren, 239
169 A. a. O., 200
170 A. a. O., 220
171 Vgl. Anm. 133
172 Hamann, 148, 161, 165, 159
173 Memoiren, 225
174 A. a. O., 223
175 Hamann, 165
176 A. a. O., 181
177 Ernst Deuerlein (Hg.): Die Gründung des Deutschen Reiches 1870/71 in Augenzeugenberichten. München 1977, S. 357
178 A. a. O., 358
179 Memoiren, 228
180 Hamann, 170
181 A. a. O., 171
182 Marthas Kinder, 280
183 Preußische Jahrbücher November 1879, hier zit. nach: Walter Boehlich (Hg.): Der Berliner Antisemitismusstreit. Frankfurt a. M. 1965, S. 15
184 Hamann, 194
185 Memoiren, 216
186 Vgl. Anm. 183, S. 216, 214
187 Vgl. Anm. 118
188 Hamann, 203, 215 f.
189 A. a. O., 214
190 Schach der Qual, 90 f.
191 Memoiren, 219
192 Amos Elon: Morgen in Jerusalem. Theodor Herzl – Sein Leben und Werk. Wien 1974, S. 14
193 Hamann, 219
194 Ebd.
195 A. a. O., 220
196 Ebd.
197 Ebd.
198 A. a. O., 221
199 Ernst Pinchas Blumenthal: Diener am Licht. Eine Biographie Theodor Herzls. Frankfurt a. M. 1977, S. 207
200 Zit. nach Kempf, 48 f.

201 Memoiren, 399
202 Schach der Qual, 175, 177
203 Memoiren, 400
204 Hamann, 237 f.
205 A. a. O., 233
206 Kempf, 50 f.
207 Hamann, 239
208 Zum folgenden Kempf, 51 f.
209 Edward Crankshaw: Winterpalast. Rußland auf dem Weg zur Revolution. 1825–1917. München 1978, S. 340
210 Memoiren, 405
211 Der Kampf, I, 541 f.
212 Hamann, 259
213 Memoiren, 443
214 A. a. O., 460
215 Ebd.
216 Kempf, 46
217 Memoiren, 453
218 Hamann, 274
219 A. a. O., 282
220 Der Kampf, II, 462
221 «Berliner Illustrirte Zeitung», Ausgabe vom 12. März 1899
222 A. a. O., Ausgabe vom 5. März 1899
223 Schriftsteller-Roman, 21
224 Einsam und arm, 152
225 Marthas Kinder, 178
226 Kempf, 84
227 Vgl. den Abschnitt nach Anm. 87
228 Kempf, 83
229 Hamann, 290
230 Kempf, 86
231 Memoiren, 520
232 Hamann, 300
233 Ebd.
234 A. a. O., 301
235 A. a. O., 305
236 Memoiren, 539
237 High Life, 170
238 Schach der Qual, 21
239 Hamann, 307
240 Kempf, 71
241 Memoiren, 539
242 A. a. O., 271
243 A. a. O., 271 f.
244 Zit. nach Memoiren, 369
245 A. a. O., 369 f.
246 Hamann, 335
247 A. a. O., 338
248 A. a. O., 344
249 Memoiren, 521 f.
250 A. a. O., 271
251 Hamann, 345
252 Kleberger, 168
253 Memoiren, 539
254 Zit. nach Kleberger, 172
255 Hamann, 364
256 A. a. O., 362
257 Ebd.
258 Memoiren, 281
259 Hamann, 363
260 Ebd.
261 Nobelpreisrede zit. nach Kempf, 180 ff.
262 Hamann, 366
263 High Life, 215, 123
264 Der Kampf, II, 473, 322
265 A. a. O., 186
266 A. a. O., 324
267 Hamann, 489
268 A. a. O., 494
269 A. a. O., 489 f.
270 Stefan Zweig: Die Welt von gestern. Erinnerungen eines Europäers. Berlin–Frankfurt a. M. 1965, S. 194
271 Vgl. Anm. 221
272 Der Kampf, II, 262, 507 f.
273 A. a. O., II, 574
274 Hamann, 509, 512
275 A. a. O., 510
276 Einsam und arm, 228
277 Hamann, 513
278 A. a. O., 514

Zeittafel

1815–1848	«Ära Metternich» im Anschluß an den Wiener Kongreß und die Neuordnung Europas
1843	9. Juni: Bertha Sophia Felicita Gräfin Kinsky von Chinic und Tettau in Prag geboren. Vater: Franz Joseph Graf Kinsky von Chinic und Tettau (1769–1843), ehemals k. k. Feldmarschallleutnant (= Generalleutnant) und Wirklicher Kämmerer; Mutter: Sophie Wilhelmine geb. von Körner (1815–1884). Übersiedlung der Witwe und der beiden Kinder Arthur (1837–1906) und Bertha nach Brünn. Vormund: Friedrich Landgraf zu Fürstenberg
1848/49	Die Februarrevolution in Paris greift im März auf Deutschland und Österreich über. Schwere Erschütterung der Habsburg-Monarchie. Sturz Metternichs, Abdankung Kaiser Ferdinands. Aufstände der Tschechen und Italiener werden niedergeschlagen, der ungarische Freiheitskampf wird mit russischer Hilfe unterdrückt. Wiederherstellung des österreichischen Absolutismus unter Kaiser Franz Joseph I. und Ministerpräsident Felix Fürst zu Schwarzenberg
1856	Übersiedlung nach Wien, von dort drei Jahre später nach Klosterneuburg bei Wien
1856–1872	Sommeraufenthalte wiederholt in Wiesbaden, Bad Homburg, Baden-Baden, Schloß Teikowitz/Mähren, Baden bei Wien; Winteraufenthalte mehrfach in Paris, je einmal in Rom und Venedig
1859	Niederlage Österreichs bei Solferino gegen die italienische Einigungsbewegung (mit französischer Unterstützung). Auslösendes Ereignis für die Gründung des Roten Kreuzes
1862	Verlobung mit Gustav von Heine-Geldern in Wien; Lösung des Verlöbnisses
1864–1871	Gesangunterricht, vornehmlich in Baden und Paris
1866	Preußisch-Österreichischer Krieg um die Vormacht in Deutschland. Preußischer Sieg bei Königgrätz, Ende des Dualismus
1868/69	Zweite, ebenfalls gelöste Verlobung in Paris
1870/71	Deutsch-Französischer Krieg. Gründung des Deutschen Reiches. Kaiserproklamation in Versailles

1872	Verlobung mit Adolf Prinz zu Sayn-Wittgenstein. Er stirbt auf der Überfahrt nach Amerika
1873–1876	Erzieherin und Gesellschafterin im Hause des Freiherrn Karl von Suttner in Wien
1876	12. Juni: Trauung mit Artur Gundaccar Freiherr von Suttner (1850–1902)
1876–1885	Gemeinsame kaukasische Jahre in Mingrelien (Westgeorgien). Beginn der schriftstellerischen Tätigkeit (*Inventarium einer Seele*, 1883)
1885	Mai: Rückkehr nach Österreich. Wohnsitz auf Schloß Harmannsdorf. Schriftstellerische Arbeiten: *High Life*, *Schriftsteller-Roman*, *Maschinenzeitalter* (1886–1889)
1888	Dreikaiserjahr in Deutschland: Tod Wilhelms I., 99-Tage-Herrschaft Friedrichs III., Regierungsantritt Wilhelms II. Gründung der Interparlamentarischen Union in Paris
1889	Der Roman *Die Waffen nieder!* erscheint
1891	Artur von Suttner gründet einen Verein zur Abwehr des Antisemitismus. Publikationsorgan: «Freies Blatt» (bis 1896) Oktober: Gründung der Österreichischen Friedensgesellschaft in Wien. Bertha von Suttner Präsidentin November: Erstes internationales Auftreten auf dem 3. Friedenskongreß in Rom. Anschließend Eröffnung eines Friedensbüros in Bern. Bertha von Suttner Vizepräsidentin
1892	Ab Februar: Die Monatsschrift «Die Waffen nieder!» erscheint in Berlin, hg. von Bertha von Suttner, redigiert von Alfred Hermann Fried November: Deutsche Friedensgesellschaft in Berlin gegründet. Vorsitzender: A. H. Fried
1893	U. a. *Phantasien über den «Gotha»*
1895	Dezember: Gründung der Ungarischen Friedensgesellschaft. Ein ähnlicher Versuch zuvor in Prag mißlang
1896	U. a. *Einsam und arm* 10. Dezember: Alfred Nobel stirbt dreiundsechzigjährig in San Remo
1897	3. Juni: Bertha von Suttner überreicht dem Kaiser Franz Joseph eine Unterschriftenliste mit dem Plädoyer für ein internationales Schiedsgericht; *Schach der Qual*
1899	Mai–Juli: (Erste) Haager Friedenskonferenz auf der Grundlage des Zaren-Manifestes von 1898
1899–1902	Burenkrieg
1901	Erste Friedensnobelpreise werden Frédéric Passy und Henri Dunant zuerkannt
1902	Juni: Friedensmuseum in Luzern eröffnet 10. Dezember: Artur von Suttner stirbt zweiundfünfzigjährig in Harmannsdorf Dezember: Der Gutsbesitz Harmannsdorf wird wegen Überschuldung versteigert. Bertha von Suttner zieht nach Wien
1903	*Marthas Kinder.* Fürst Albert I. von Monaco gründet das in-

	ternationale Friedensinstitut. Bertha von Suttner häufig bei ihm zu Gast
1904–1905	Japanisch-Russischer Krieg
1904	Herbst: Amerikareise, Teilnahme am Friedenskongreß in Boston. Empfang durch Präsident Theodore Roosevelt im Weißen Haus
1905	Revolution in Rußland Herbst: Vortragsreise durch 28 deutsche Städte 10. Dezember: Bekanntgabe der Verleihung des Friedensnobelpreises an Bertha von Suttner
1906	18. April: Entgegennahme des Preises in Christiania. Anschließend Vortragsreise in Schweden mit Abstecher nach Kopenhagen. *Randglossen zur Zeitgeschichte: Das Jahr 1905*
1907	Juni–Oktober: Zweite Haager Friedenskonferenz. *Randglossen zur Zeitgeschichte: Das Jahr 1906*
1909	*Memoiren*
1911	Englisch-amerikanischer Schiedsvertrag: Verzicht auf das Mittel des Krieges bei bilateralen Streitfällen 10. Dezember: Friedensnobelpreis an A. H. Fried (zusammen mit T. M. C. Asser/Niederlande)
1912	Juni–Dezember: zweite Amerikareise mit vielen Vorträgen und Ehrungen. Letzte pazifistische Schriften: *Aus der Werkstatt des Pazifismus*, *Die Barbarisierung der Luft*
1912/13	Balkankriege
1914	21. Juni: Bertha von Suttner stirbt einundsiebzigjährig in Wien 28. Juni: Ermordung des österreichischen Thronfolgerpaares in Sarajevo durch serbische Attentäter 1. August: Beginn des Ersten Weltkriegs

Zeugnisse

Peter Rosegger
Dieses Buch ist eine Tat! Es war ein Ereignis in meinem Leben.

Brief vom 9. Oktober 1891
über den Roman «Die Waffen nieder!»

«Frankfurter Zeitung»
Wenn man in jenen Jahren [nach 1889] einen Friedensfreund fragte, wie er zum Anschluß an die Friedensbewegung gekommen sei, so bekam man fast immer zur Antwort: «Mich hat das Buch der Frau von Suttner, ‹Die Waffen nieder!›, überzeugt.»

9. Dezember 1905

Bertha von Suttner versucht, den Friedensengel einzufangen, der ihr die lange Nase zeigt. Karikatur von Fritz Schönpflug aus dem Jahre 1907

Felix Salten
Irgendeine Literatin aus niedrigem Milieu hätte – mit mehr oder weniger artistischem Talent – es vermocht, die Schrecken und den Widersinn des Krieges zu schildern, um der Propagierung des ewigen Friedens leidenschaftlich das Wort zu reden. Ein Bucherfolg. Und damit basta! Von den hochgeborenen Ministern, Regenten, Diplomaten, wer hörte denn die kleine Bürgersfrau an? Wer läßt sie vor? Um zu irgendeinem dieser Gewaltigen in den Audienzsaal zu dringen, um eine Zwiesprache zu halten, die nach der Minute zugemessen und gewährt würde, hätte sie mehr Energie, Arbeit und Nervenkraft verbraucht, als zu drei solchen Romanen gehört. Wäre sie aber auch noch so geistesgegenwärtig, noch so beredsam gewesen, wie hätte sie wirken können, auf Hocharistokraten wirken, die auf die Manieren, auf den Ton, auf die Gebärden der kleinen Bürgerin schärfer und amüsierter lauern als auf den Sinn ihrer Worte? Da ist die Suttner besser auf ihren Platz gestellt: Baronin, geborene Gräfin, und Schriftstellerin dazu.

Zum 70. Geburtstag, Juni 1913

Alfred Hermann Fried
Man hat Bertha von Suttner zu ihren Lebzeiten nicht gehört. Es erfüllte sich an ihr das Schicksal aller Seher und Wohltäter der Menschheit. Die Zeit hatte kein Verständnis für ihre Mahnungen und Warnungen. Aber das Geschlecht, das nach diesem Krieg die Welt bevölkern wird, wird ein besseres Verständnis für ihr Wirken haben und wird unter dem Lichtschein der Brandfackeln, die der Krieg entzündet hat, unter dem Schatten der Trümmer, die er zurücklassen wird, ihre Worte besser erfassen.

Bern, Weihnachten 1915

Stefan Zweig
Als sie das erste Mal dieses Wort «Die Waffen nieder!» in die Welt schrie, liefen ihr die Leute zu und horchten auf. Aber als sie immer wieder nur dasselbe sagte: «Die Waffen nieder! Die Waffen nieder!», begann sich die Neugier zu langweilen. Man nahm diese leidenschaftliche Monotonie des Gedankens für Armut, seine Sinnfälligkeit für Banalität. Einige begannen sich zu ärgern, sie dachten: was es wohl not tue, mitten im Frieden immer nach Frieden zu rufen. Sie galt ja unserer scheinklugen Welt als Gespensterseherin, und die öffentliche Meinung drückte sie allmählich in den Winkel hin [...] knapp neben dem Narrentum. Sie aber ließ nicht ab; immer wiederholte sie den Ruf, als wollte sie ihn einhämmern in den Kopf der Menschheit. Allmählich war sie etwas ganz Lächerliches geworden, die Friedens-Bertha der Witzblätter, und man nannte sie eine gute Frau mit jener mitleidigen Betonung, durch die man Güte der Dummheit nachbarlich macht.
[...] Dostojewski hat einmal gesagt, der größte menschliche Fehler, die gefährlichste Hemmung unserer Kräfte sei unsere Angst, lächerlich zu erscheinen. Diese Angst hatte sie überwunden. Sie schrak nicht zurück, das scheinbar Unerreichbare zu fordern. Sie wußte ja selbst besser als jeder andere um die tiefe Tragik der Idee, die sie vertrat, um die fast vernichtende Tragik des Pazifismus, daß er nie zeitgemäß erscheint, im Frieden überflüssig, im

Kriege wahnwitzig, im Frieden kraftlos und in der Kriegszeit hilflos. Dennoch hat sie es auf sich genommen, zeitlebens den Törichten als Don Quichote geltend, der gegen Windmühlen ficht, aber heute wissen wir es schauernd, was sie immer wußte, daß diese Windmühlen nicht Wind, sondern die Knochen der europäischen Jugend zerreiben.

Ansprache in Bern, 1917

Klaus Mann

Der primitiv, aber schlagend wirksam gemachte Tendenzroman [«Die Waffen nieder!»] hinterließ mir gewaltigen Eindruck. Viele Einzelheiten der Handlung sind mir ganz unvergeßlich; vor allem die Szene, wo der halsstarrige und verbissene alte General, der so lange durch keinen Schicksalsschlag zu erweichen war, endlich, endlich doch nachgeben muß und den Krieg verdammt, dessen Geißel er zu schauerlich verspürt hat am eigenen Fleische.

«Kind dieser Zeit», 1932

Walter Mehring

[...] die Entwicklung einer herrlich unbeirrbaren Enthusiastin; die sich zur Opernkarriere berufen wähnt, die ihrem Milieu mit ihrem um vieles jüngeren Mann in den Kaukasus entflüchtet, dort [...] sich schriftstellernd durchhungert; die mit der gleichen Inbrunst, wie sie den «Dynamitkönig» zum Friedensmäzen bekehrt, in allen Kulturzentren – in Amerika bis in die entlegensten Indianersiedlungen – Abrüstung und Staatenbund predigt; die mit der gleichen Naivität das Friedensmanifest des Zaren wie die Jahrhundertwende als den Anbruch der «Ära ewigen Friedens» begrüßt; die – unter der Patronanz der bedeutendsten Staatsmänner, unter dem Beifall erlesenster Zeitgenossen [...] – jenen Pazifismus verkörpert, den die nächste Generation wie einen Verbrecher und Ketzer auf dem Armsünderfriedhof des Humanismus verscharrt hat.

«Das Neue Tage-Buch», 4. Dezember 1937

Carl Suttner

Daß Berthas und Arturs Ehe glücklich war – schon das sicherte ihr die Dankbarkeit der Familie. Daß Berthas «Entgleisungen», wenn sie gegen die Gesellschaft, der sie entstammte, Sturm lief, auf ärgerliche Ablehnung in der Familie stieß, ist allerdings auch verständlich. [...] Sie verstand es, sich auch im Privatleben durchzusetzen – nicht immer im Interesse einer heilen Familiengemeinschaft.

Geleitwort zu: Marianne Wintersteiner,
«Die Baronin Bertha von Suttner», 1984

Bibliographie

1. Unveröffentlichter Nachlaß

Der schriftliche Nachlaß von Bertha von Suttner – hauptsächlich Briefe und Tagebücher – lagert größtenteils in der UNO-Bibliothek in Genf. Er ist als Ganzes ungedruckt, doch haben sowohl Beatrix Kempf wie Brigitte Hamann in ihren Biographien von 1964 und 1986 davon Gebrauch gemacht, die letztere ausgiebig. Soweit die vorliegende Arbeit, in zwangsläufig begrenztem Umfang, aus Briefen und Tagebüchern zitiert, greift sie auf diese Vorlagen zurück.

2. Bertha von Suttners Schriften

a) Werkausgaben

Gesammelte Schriften in zwölf Bänden. Dresden o. J. (1906/07)

b) Einzelausgaben

Inventarium einer Seele. Leipzig 1883 (hier verwendet: Gesammelte Schriften Bd. 6)
Ein Manuskript. Leipzig 1884
Ein schlechter Mensch. München 1885
Es Löwos. Eine Monographie. München 1885 (hier verwendet: Gesammelte Schriften Bd. 1)
Daniela Dormes. München 1886
High Life. München 1886 (hier verwendet: Gesammelte Schriften Bd. 1)
Verkettungen. Leipzig 1887
Schriftsteller-Roman. Dresden 1888 (hier verwendet: Gesammelte Schriften Bd. 8)
Das Maschinenzeitalter. Zukunftsvorlesungen über unsere Zeit. Zürich 1889 (hier verwendet: 3. Aufl. Dresden–Leipzig 1899)
Erzählte Lustspiele. Neues aus dem High Life. Dresden 1889
Die Waffen nieder! Eine Lebensgeschichte. Dresden–Leipzig 1889 (hier verwendet: Berlin 1990)
Erzählungen und Betrachtungen. Wien 1890

Doctor Hellmuts Donnerstage. Dresden 1892
An der Riviera. Mannheim 1892
Eva Siebeck. Dresden 1892
Im Berghause. Berlin 1893
Phantasien über den «Gotha». Dresden 1893 (hier verwendet: Gesammelte Schriften Bd. 4)
Im Tiefinnersten. Dresden 1893
Trente et quarante! Dresden 1893
Vor dem Gewitter. Wien 1894
Wohin? Die Etappen des Jahres 1895. Berlin 1896
Einsam und arm. Dresden 1896 (hier verwendet: Gesammelte Schriften Bd. 9)
Schmetterlinge. Novellen und Skizzen. Dresden 1897
Schach der Qual. Ein Phantasiestück. Dresden 1897 (hier verwendet: Gesammelte Schriften Bd. 10)
Die Haager Friedenskonferenz. Tagebuchblätter. Dresden 1900
Marthas Kinder. Dresden 1903 (hier verwendet: Gesammelte Schriften Bd. 12)
Ketten und Verkettungen. Leipzig 1904
Briefe an einen Toten. Dresden 1904
Franzl und Mirzl. Leipzig 1905
Randglossen zur Zeitgeschichte. Das Jahr 1905. Kattowitz 1906
Randglossen zur Zeitgeschichte. Das Jahr 1906. Leipzig 1907
Stimmen und Gestalten. Leipzig 1908
Memoiren. Stuttgart und Leipzig 1909
Rüstung und Überrüstung. Berlin 1910
Der Menschheit Hochgedanken. Berlin 1911
Aus der Werkstatt des Pazifismus. Leipzig 1912
Die Barbarisierung der Luft. Berlin 1912
Der Kampf um die Vermeidung des Weltkrieges. Randglossen aus zwei Jahrzehnten zu den Zeitereignissen vor der Katastrophe. Hg. von Alfred Hermann Fried. 2 Bände, Zürich 1917
Die große Zahl von Feuilletons, Zeitungsaufrufen, Aufsätzen und Vorträgen aus der Feder Bertha von Suttners ist bibliographisch nicht erfaßt.

3. Bertha von Suttners Übersetzungen

Ferdinand Fontana: Nabucco. Dramatisches Gedicht in vier Aufzügen. Dresden 1896
F. A. Fawkes: Der Kaiser von Europa. Stuttgart 1896
Charles Richet: Die Vergangenheit des Krieges und die Zukunft des Friedens. Leipzig 1909

4. Biographische Arbeiten über Bertha von Suttner

Abrams, Irwin: Bertha von Suttner and the Nobel Peace Prize. In: Journal of Central European Affairs XXII (1962/63), S. 286–307

Bock, Sigrid: Bertha von Suttner. Die Waffen nieder! Vom Roman zur organisierten Friedensarbeit. In: Die Waffen nieder! Schriftsteller in der Friedensbewegung des 20. Jahrhunderts. Berlin (Ost) 1989

Bredendiek, Walter: Stimme der Vernunft und Menschlichkeit. In: Internationales Institut für den Frieden. Vermächtnis und Mahnung zum 50. Todestag Bertha von Suttners. Wien 1964

Brinker-Gabler, Gisela (Hg.): Bertha von Suttner. Lebenserinnerungen, Briefe und Schriften. Frankfurt a. M. 1982

Faßbinder, Klara-Maria: Bertha von Suttner und ihre Töchter – Ein Versuch. Gelsenkirchen 1964

Fried, Alfred Hermann: Bertha von Suttner. Leipzig 1908

Götz, Christian: Die Rebellin. Bertha von Suttner. Elsdorf/Rheinland 1996

Gregor-Dellin, Martin: Bertha von Suttner. Aus Menschenliebe gegen den Krieg. In: Der Friedensnobelpreis von 1901 bis heute. Edition Pacis AG. Zug/Schweiz 1988

Hamann, Brigitte: Bertha von Suttner. Ein Leben für den Frieden. München 1986 (hier verwendet: München 1996)

Hatzig, Hansotto: Bertha von Suttner und Karl May. In: Jahrbuch der Karl-May-Gesellschaft 1971

Katscher, Leopold: Bertha von Suttner. Die «Schwärmerin» für Güte. Dresden 1903

Kempf, Beatrix: Bertha von Suttner. Das Lebensbild einer großen Frau. Schriftstellerin – Politikerin – Journalistin. Wien 1964

–:Bertha von Suttner. Eine Frau kämpft für den Frieden. Freiburg 1979

Key, Ellen: Florence Nightingale und Bertha von Suttner. Zürich 1919

Kleberger, Ilse: Die Vision vom Frieden – Bertha von Suttner. Berlin 1985

Leitich, Tizia: Bertha von Suttner. Große Österreicher. Wien 1957

Pauli, Hertha: Nur eine Frau. Biographischer Roman. Wien 1937

–:Das Genie eines liebenden Herzens. Hamburg–Wien 1955

Playne, Carolyn E.: Bertha von Suttner and the Struggle to Avert the World War. London 1936

Reicke, Ilse: Bertha von Suttner. Ein Lebensbild. Bonn 1952

Schmoeckel, Reinhard: Bertha von Suttner. In: Stärker als Waffen. Düsseldorf 1957

Weinzierl, Erika: Bertha von Suttner. In: Österreichische Frauen im 20. Jahrhundert. Wien–München 1975

Wintersteiner, Marianne: Die Baronin Bertha von Suttner. Eine erzählende Biographie. Mühlacker und Irdning/Steiermark 1984

Zeile, Elisabeth: Bertha von Suttner. In: Frauen für den Frieden. Lebensläufe, Bilder, Aktionen. Essen 1981

Zweig, Stefan: Bertha von Suttner. In: Begegnungen mit Menschen, Büchern, Städten. Frankfurt a. M. 1956, S. 187–194

–:Bertha von Suttner. In: Zeit und Welt. Frankfurt a. M. 1981, S. 22–29

5. Allgemeine Literatur zur Friedensbewegung

Dem Frieden entgegen. Ein Lesebuch mit 100 Texten aus fünf Jahrhunderten. Hg. vom Internationalen Deutschlehrerverband. Leipzig 1989

Die Waffen nieder! Schriftsteller in den Friedensbewegungen des 20. Jahrhunderts. Eingeleitet und hg. von Sigrid Bock, Wolfgang Klein und Dietrich Scholze. Berlin (Ost) 1989

Eberwein, Wolf-Dieter, und Peter Reichel: Friedens- und Konfliktforschung. Eine Einführung. München 1976

Erk, Wolfgang, und Jo Krummacher (Hg.): Motivationen. Friedenstexte für jeden Tag. Stuttgart 1982

Faßmann, Kurt (Hg.): Gedichte gegen den Krieg. München 1961

Fetscher, Iring: Modelle der Friedenssicherung. München 1972

Frieden. Ein Handwörterbuch. Hg. von Ekkehard Lippert und Günther Wachtler. Opladen 1988

Galtung, Johan: Strukturelle Gewalt. Beiträge zur Friedens- und Konfliktforschung. Reinbek 1975

Handbuch der Friedensbewegung. Hg. von Alfred Hermann Fried. Berlin–Leipzig 1913

Hermes Handlexikon: Die Friedensbewegung. Organisierter Pazifismus in Deutschland, Österreich und in der Schweiz. Hg. von Helmut Donat und Karl Holl. Düsseldorf 1983

Holl, Karl: Pazifismus in Deutschland. Frankfurt a. M. 1988

Hopf, Angela, und Andreas Hopf (Hg.): Frieden ist nicht nur ein Wort. Alte und neue Gedanken zum Frieden. Weisheiten aus drei Jahrtausenden zu einem aktuellen Thema. München 1984

Hornung, Klaus (Hg.): Frieden ohne Utopie. Krefeld 1983

Jahrbuch Frieden. Hg. von Hanna-Margret Birckenbach u. a. München (C. H. Beck) fortlaufend

Jakobs, Karl-Heinz (Hg.): Das große Lesebuch vom Frieden. Frankfurt a. M. 1983

Krüger, Ingrid (Hg.): Mut zur Angst. Schriftsteller für den Frieden. Darmstadt 1982

Matthies, Volker: Der gelungene Frieden. Beispiele und Bedingungen erfolgreicher friedlicher Konfliktbearbeitung. Texte der Stiftung Entwicklung und Frieden. Bonn 1997

Pauling, Linus: Leben oder Tod im Atomzeitalter. Wien 1960

Picht, Georg, und Constanze Eisenbart (Hg.): Frieden und Völkerrecht. Stuttgart 1973

Richter, Horst-Eberhard: Zur Psychologie des Friedens. Reinbek 1982

Senghaas, Dieter: Gewalt, Konflikt, Frieden. Essays zur Friedensforschung. Hamburg 1974

Sternberger, Dolf: Die Politik und der Friede. Frankfurt a. M. 1986

Vogt, Wolfgang R., und Eckard Jung (Hg.): Kultur des Friedens. Darmstadt 1977

Waterkampf, Rainer: Konfliktforschung und Friedensplanung. Stuttgart 1971

Wohlgemuth, Hildegard (Hg.): Frieden: mehr als ein Wort. Gedichte und Geschichten. Reinbek 1981

Namenregister

Die kursiv gesetzten Zahlen bezeichnen die Abbildungen

Über den Autor

Harald Steffahn wurde 1930 in Berlin geboren. 1949–1951 Volontariat bei einer Hamburger Tageszeitung. 1951–1959 Studium der Geschichte und Politischen Wissenschaft in Hamburg und Berlin. Promotion zum Dr. phil. Journalistische Berufsstationen: «Spiegel»-Archiv, Deutsche Presse-Agentur, «Die Zeit». Seit 1975 selbständig als Journalist und Schriftsteller. Publikationen u. a.: «Du aber folge mir nach. Albert Schweitzers Werk und Wirkung», Bern 1974. «Albert-Schweitzer-Lesebuch», München und Berlin (Ost) 1984. «Menschlichkeit beginnt beim Tier. Gefährten und Opfer», Stuttgart 1987. «Deutschland – Von Bismarck bis heute», Stuttgart 1990. Für Rowohlt schrieb Harald Steffahn die Bildmonographien über «Albert Schweitzer» (rm 263, 1979), «Adolf Hitler» (rm 316, 1983), «Helmut Schmidt» (rm 444, 1990), «Richard von Weizsäcker» (rm 479, 1991), «Die Weiße Rose» (rm 498, 1992) und «Claus Graf Schenk von Stauffenberg» (rm 520, 1994).

Quellennachweis der Abbildungen

Aus: Bertha von Suttner: Memoiren. Stuttgart und Leipzig 1909: 2, 35

© Bildarchiv Preußischer Kulturbesitz, Berlin, 1998: 6, 8/9, 12, 15, 41, 66/67, 70, 98 unten, 105

Aus: Brigitte von Hamann: Bertha von Suttner. Ein Leben für den Frieden. München 1986: 14 (Fürst U. Kinsky, Wien), 44 (Historisches und ethnographisches Museum, Zugdidi, Georgien), 45, 50, 110 (Abrüstungs-Bilderbuch, Berlin 1899), 119, 122, 130, 134 (UNO), 135 (UNO)

Foto: Bildarchiv, Österreichische Nationalbibliothek Wien: 19, 20, 38, 133, 147

Bibliothek der Kunstakademie, Kopenhagen: 23

Spielbank Baden-Baden: 25

Archiv für Kunst und Geschichte, Berlin: 28/29, 31, 48/49, 64, 74/75, 79, 83, 91, 98 oben, 108

Down House Archiv: 55

Privatsammlung: 58, 87

Aus: Bertha von Suttner und die Anfänge der österreichischen Friedensbewegung. Katalog der Sonderausstellung des Historischen Museums der Stadt Wien und der Österreichischen Friedensgesellschaft. Wien 1950: 61, 100, 113

Aus: Facsimile Querschnitt durch die Gartenlaube. Hg. von Heinz Klüter. Bern, Stuttgart, Wien 1963: 77

Aus: Ilse Kleberger: Die Vision vom Frieden – Bertha von Suttner. Berlin [5]1989: 82

Album Verlag, Wien: 94

Aus: Franz Hubmann: Das jüdische Familienalbum. Wien, München, Zürich 1974: 103

Aus: Die Friedensbewegung. Organisierter Pazifismus in Deutschland, Österreich und in der Schweiz. Hg. von Helmut Donat und Karl Holl. Düsseldorf 1983: 116

The Nobel Foundation, Stockholm: 127, 128

Aus: Facsimile Querschnitt durch die Berliner Illustrirte. Hg. von Friedrich Luft. München, Bern, Wien 1965: 139

Literatur

rowohlts monographien
Begründet von Kurt Kusenberg, herausgegeben von Wolfgang Müller und Uwe Naumann.

Alfred Andersch
dargestellt von
Bernhard Jendricke
(395)

Lou Andreas-Salomé
dargestellt von Linde Salber
(463)

Jane Austen
dargestellt von
Wolfgang Martynkewicz
(528)

Simone de Beauvoir
dargestellt von
Christiane Zehl Romero
(260)

Wolfgang Borchert
dargestellt von
Peter Rühmkorf
(058)

Lord Byron
dargestellt von
Hartmut Müller
(297)

Albert Camus
dargestellt von
Brigitte Sändig
(544)

Raymond Chandler
dargestellt von
Thomas Degering
(377)

Charles Dickens
dargestellt von
Johann N. Schmidt
(262)

rowohlts monographien

Theodor Fontane
dargestellt von
Helmuth Nürnberger
(145)

Maxim Gorki
dargestellt von
Nina Gourfinkel
(009)

Brüder Grimm
dargestellt von
Hermann Gerstner
(201)

Henrik Ibsen
dargestellt von
Gerd E. Rieger
(295)

James Joyce
dargestellt von Jean Paris
(040)

Ein Gesamtverzeichnis der Reihe *rowohlts monographien* finden Sie in der *Rowohlt Revue*. Vierteljährlich neu. Kostenlos in Ihrer Buchhandlung.

4505/7